TÚ, el mar, Y YO

Confesiones de las parejas de los marinos

Aimeth Sanjur Lasso

Título: **TÚ, el mar, Y YO**

Confesiones de las parejas de los marinos

1ª edición

ISBN: 978-9962-13-070-3

Para todas aquellas personas que tienen una relación con un navegante.

Espero haberlo hecho de la mejor manera.

Todo mi respeto, amor y apoyo en la mejor aventura de sus vidas.

Agradecimiento

Quisiera agradecer eternamente a esas personas que tuvieron la confianza en mí, para contarme sus experiencias y darme las herramientas necesarias para culminar este libro. A Viviana Mock que sin conocerme me regaló unas horas de su tiempo, desde que leyó la introducción me animo a continuar; y aún más me agradeció por plasmar sus vidas, para mí es un honor. A nuestro padrino de boda Xavier Mejía por su amistad incondicional, entusiasmo y apoyo. Harvis Gutiérrez y Giorgia Bedeschi que a pesar de estar a 9.505,02 kilómetros de mí; dijeron "sí" nosotros te apoyamos. A Jean Carlos Ruíz y Luis Carlos Underwood por dedicarme tiempo en contar sus historias. Al grupo Nautical Ladies y a su fundadora Belha Lozano por ayudarme a hacer la espera más corta. A mi familia y amigas universitarias, por todo su apoyo y motivación para poder lograr este sueño.

Y por último a mi amor Jaime Martínez, por siempre animarme a escribir un libro, por confiar en mi talento, por su motivación constante, por ser mi fuente de inspiración y por escogerme para acompañarle en esta vida.

Índice

Introducción

Las mujeres que nos incursionamos en esta constante aventura, tenemos una particularidad, ya que vivimos aspectos diferentes o inusuales. Los filipinos suelen decir "Para el mejor hombre, la mejor mujer". Ellos no pueden estar batallando contra las inclemencias del tiempo y del mar, lejos de su país, sino tienen una mujer que los respalde.

Debo decirte: tú vida ya no es tuya, el tiempo ya no será igual que el de todas las novias o esposas, las fechas ya no tendrán días en el calendario, ni serán celebradas en la fecha correcta, te volverás mucho más independiente, estarás casada, comprometida, de novia, pero a la vez te encontrarás sola físicamente, pero con el corazón lleno, sentirás mariposas en el estómago cada cierto tiempo, el celular y el internet serán tu mejor aliado y el más cercano, aprenderás a estar de "guardia", serás la representante en las ocasiones especiales, pasarás vivencias que probablemente muchos no comprenderán, vivirás un amor intenso que sientes se te saldrá del corazón, en cada regreso tendrás ansiedad y nerviosismo como si fuera tu primera cita. Por estas e innumerables razones más, ser la esposa o novia de un navegante es todo un desafío y la mayor aventura de tu vida.

Capítulo 1

Amor en tiempo de estudios y primer embarque

La relación con un marino[1] la defino como vivir en una relación entrecortada, y la identifico de esta manera, porque vives dos vidas diferentes, en dos mundos paralelos; la vida regular de toda persona y la vida cuando tu novio/a o esposo/a se encuentra en casa.

Cuando decidí formar parte de esta aventura nunca pasó por mi pensamiento todos los sacrificios que debía realizar, tampoco tenía idea de ¿Cuáles iban a ser?, ya que no tenía en ese momento nada que me uniera o identificara con la vida del mar. No imaginé los largos días de espera, las dificultades de la

[1] Marino, es la denominación genérica que reciben todos los miembros de la tripulación de un barco.

comunicación, la presión de la sociedad, las fiestas y eventos especiales sin su compañía, entre otros aspectos, nada de eso pasó por mi pensamiento, simplemente las cosas se fueron dando y aquí me encuentro viviendo día a día esta aventura.

Hay muchas parejas que inician su noviazgo desde la Universidad o Colegio, sabiendo que algún día llegará ese momento en el cual ellos deben de embarcarse.

Muchas novias han estado ahí desde el principio, al pie del cañón, esperando pacientemente su momento, rezando todos los días para que ese momento no llegue, preparándose mentalmente con lo que va a pasar, enamorada de un cadete[2] no por el sueldo que podrá tener, mucho menos por su uniforme.

Si han construido una relación sobre bases fuertes, existen grandes posibilidades que puedan resistir uno de los primeros sacrificios que harán. Sin embargo, si desde sus inicios la relación no ha sido bien llevaba, el primer embarque solamente será el detonante para terminar con la historia.

Hay algunas universidades en donde la educación es como un internado y solamente salen a visitar a sus familiares en algunas ocasiones, siempre y cuando no se encuentren castigado o como dicen en algunos países "arrestado[3]". Estas universidades se puede decir, nos preparan poco a poco para esa distancia,

[2] **Cadete**, alumno, escolar, estudiante, aprendiz.

[3] **Arrestado,** se refiere cuando un estudiante ha cometido una falta y no puede salir el fin de semana del internado.

para esa partida, porque aunque estén en el mismo lugar por aspectos de estudio no lo puedes ver diariamente.

Y llega el día de la graduación, un momento de felicidad, pero también agridulce para los dos porque en algún momento deberán despedirse, en algún momento iniciaran a vivir esa aventura que se llama amor a distancia, definiendo ese momento la fortaleza de la relación.

A algunos después de graduarse les tomará mucho tiempo el conseguir primer embarque, no importa si obtuvieron el mejor puntaje, índice académico, o si fueron el más inteligente, tendrán que esperar y muchas veces la espera puede durar años. Se preguntan ¿Cómo puede ser posible no conseguir embarque?, haber realizado una inversión de 4 años y en el peor de los casos nunca llegar a navegar.

Debido a la desesperación cualquier oferta laboral es atractiva, sin importar el tiempo de embarque y condiciones de trabajo ofrecidas por las empresas con tal de conservar la oportunidad y cumplir el tiempo de embarque requerido para obtener ese tan anhelado título.

En todos los momentos difíciles deben luchar como pareja con los vaivenes de los sentimientos, frustraciones y dificultades, dónde probablemente la pareja se encuentra en una disputa interna, en una parte felicidad por no conseguir embarque porque puede estar más tiempo en casa y tristeza porque irse a ejercer su carrera es lo correcto y es por lo que tanto se esforzó.

Cuando reciben esa noticia tan esperada, en donde le es anunciado que ha conseguido su primer embarque, los primeros sentimientos son de alivio y temor; de alivio porque es por lo que han luchado y se han esforzado todo los años de estudio y temor porque no saben lo que les espera porque nunca han trabajado a bordo de un barco. El tiempo de cadete (pasantía) que deben de realizar debe ser de por lo menos un año, algunos solamente se les presenta la oportunidad para realizar el tiempo de cadete en contratos cortos, por lo cual deben de hacerlo en varios embarques o compañías hasta completar el tiempo total; sin embargo para otros, las empresas les dan la oportunidad de realizar todo el tiempo de cadete y extender, aumentando el temor, porque no tienen la certeza si podrán resistir todo el contrato.

Es importante destacar que para poder obtener la licencia de Oficial o estar legalmente capacitado para navegar como oficial deben de completar el tiempo de cadete (1 año de embarque), se dan los casos en donde el egresado de la universidad nunca llega a embarcarse, desviando su camino a realizar tareas de la especialidad marítima y portuaria en tierra, también se dan otros casos en donde solamente realizan su año de cadete o pasantía y no vuelven nunca más a la mar.

Días antes de su partida empezarán a pensar todas aquellas cosas y personas que dejarán atrás, estará la incertidumbre si las cosas funcionarán o terminarán; algunos simplemente tomarán la decisión de vivir y enfrentar el embarque según como vaya progresando.

En su primer embarque, se pondrá a prueba el amor o la madurez en la relación, es donde se definirán los caminos y si la relación continuará o simplemente dejará de ser. Y tú como pareja pondrás a prueba tu carácter y madurez, será el momento donde definas si es lo que quieres para el resto de tu vida o simplemente no deseas vivir de esa manera, será un momento de incertidumbre para ti, porque no sabes a qué te debes preparar y cómo cambiará tu vida.

El primer embarque es una experiencia muy difícil para ellos, definiendo su camino y reafirmando su vocación por la carrera.

Al pisar el barco se pueden percatar rápidamente que pudieron ser un genio en la Universidad, pero cuando se suben a bordo no son nadie, no saben nada, no están familiarizados con la embarcación, mucha teoría, pero no saben ¿Cómo aplicarla?. Van a recibir órdenes de toda la tripulación inclusive los rangos que no son oficiales, tendrán discriminación laboral en donde la tripulación se aprovecha del personal nuevo; le asignan las funciones que no son de su responsabilidad, guardias o jornadas laborales extendidas, preferencias con otros compañeros, no están interesados en enseñar al personal nuevo, le señalan que no tienen ninguna otra oportunidad laboral, desean quebrar su espíritu, ímpetu, personalidad y enfoque, obligándolos rápidamente sobre todo a ganarse la confianza de los oficiales para poder aumentar sus conocimientos; ya que tendrán muchas dudas y preguntas y necesitarán de un guía a bordo.

En su primer embarque no saben ¿Cuáles son los horarios de comida?, ¿Qué puestos deben de ocupar en el comedor (mess room)?, ¿Qué día pueden lavar?, ¿Cuáles son los horarios de guardia?, entran en un régimen, como si estuvieran en una cárcel, pueden y no pueden hacer todo lo que les plazca. Cuando son cadete son una incertidumbre en cuanto a la posición que ocupan dentro de la jerarquía del barco, no se encuentran dentro de las posiciones más baja, ni tampoco dentro de las posiciones más altas, trayendo como consecuencia que los compañeros de las posiciones inferiores no los tratan como un igual porque saben que algún día serán oficiales y los oficiales no los tratan como oficial, porque ellos lo son y a ellos aún les falta experiencia para ser como ellos.

En su primer embarque, si el tiempo de estadía es largo (±1 año) va a llegar el momento que es la persona con más tiempo a bordo y si no es así, será una de las personas con más tiempo en el barco; por lo cual tendrá la oportunidad de presenciar la salida y entrada de compañeros y cada vez anhelará más su oportunidad de desembarcar. Como anécdota puedo recalcar que el tiempo de cadete de mi esposo fueron 380 días (+ 1 año); en la embarcación había un tripulante que ya estaba navegando cuando él embarcó, de igual manera cuando desembarcó todavía se encontraba en el barco, viendo pasar a toda una tripulación completa y al final de su contrato realizó aproximadamente 1 año y 8 meses.

Al igual que yo se preguntarán ¿Por qué hizo tanto tiempo de embarque?, una cosa trajo a la otra, para esta posición su tiempo de contrato es de 9 meses, el marino solicitó extensión de contrato de 3 meses, y cuando decidió desembarcar no había reemplazo, teniendo que esperar el tiempo necesario hasta conseguir reemplazo, todo se fue dificultando debido a que en el caso de algunas compañías, los reemplazos de algunas nacionalidades son realizados en un puerto específico de un continente en específico, entonces nunca se encontraba en el puerto específico de desembarque, cuando hubo reemplazo o cuando se terminó su contrato, sin embargo, al final tuvo que ser obligatorio el desembarque del tripulante porque estaba por vencerse su certificado médico que tiene una vigencia de 2 años. Tanto tiempo en el mar no fue fácil para éste tripulante, no era su primer embarque, pero puedo imaginar qué difícil fue para él, su familia y sus hijos.

Su primera experiencia es todo un desafío, porque cada uno tiene su cultura, idioma, hábitos, etnias, religiones, entre otros.

La primera barrera que pueden encontrar es el idioma, ya que la tripulación estará conformada por múltiples nacionalidades y probablemente ninguno hable su lengua. Normalmente para las tareas habituales a bordo se entienden en idioma inglés, no importa si tengas un nivel bajo o alto de inglés de igual manera encontrarán dificultades porque el acento y/o pronunciación es diferente entre nacionalidades. Imagina la frustración que se puede sentir al escuchar una instrucción técnica y por la inexperiencia no lograr entender las indicaciones o tareas que debes realizar, porque simplemente es una palabra técnica que solamente escucharás en el ámbito laboral. Cuando son nuevos abordo siempre reciben órdenes para buscar cosas y no van a entender ¿Qué es lo que necesitan? o ¿Para qué lo quieren?, a veces ni siquiera entienden el trabajo que se debe realizar.

Por otro lado, si la tripulación es de su misma nacionalidad y/o cultura y es el nuevo no se salvarán de las bromas y maldades. Seguramente escucharon historias en la universidad en donde la tripulación hacía fuerte bromas al tripulante nuevo, provocando que estén predispuestos en su primer embarque. Hay historias de cadetes que han caído en las maldades de la embarcación: Hay en ciertos barcos una válvula que se encuentra dañada, en el sistema de máquinas, por más que le den vueltas, no cierra y no abre, dando como resultado que envíen a los cadetes tanto de máquinas como de cubierta, diciéndoles que el barco está escorado[4] hacia un lado y deben darle vueltas a la "válvula de balance" para que el barco se adrice[5] otra vez, los cadetes le dan tantas vueltas sin parar y las válvulas no cierran ni abren, al final son el hazmerreír de la tripulación al verlos todos sudados y mofándose de su inexperiencia porque simplemente las válvulas de balance "no existen".

---

[4] **Escorado,** inclinación del buque obligado por la fuerza del viento.

[5] **Adrice,** enderezar, poner derecho algún objeto o el buque cuando está tumbado.

En otra ocasión, un marino le realizó una broma a un OS (Marino Ordinario)[6] que era su primer embarque, el OS había visto un pájaro llamado seagull, y le pregunta al marino ¿Cómo podía hacer para agarrar uno de esos pájaros?, a lo que el marino responde: Para agarrar uno de esos pájaros, te subes en la noche al monkey island[7], agarras una vara bien larga, comienzas a girar y hacer un sonido como si una mujer estuviera haciendo el amor y ellos se acercan y los puedes agarrar. Llegada la noche el OS preparó su vara, subió al monkey island y realizó todos los movimientos y sonidos, lo que él no sabía era que no se puede subir al compass deck (monkey island) sin avisar al oficial de guardia, por las radiaciones que emiten los radares; pero esta persona como no es experimentada, no sabía eso y se subió realizando un escándalo, provocando que el Capitán se acercara y le solicitará bajarse, al bajar recibió todos los regaños y cuestionamientos del Capitán. También suele suceder que cuando se encuentren mareados, la sugerencia de los compañeros será que vaya a "Morder el ancla".

Estas y otras bromas son las que le realizan a las personas nuevas por su inexperiencia, que tienen la teoría, fueron a una escuela, saben hacer un nudo, las partes de un barco, pero no tienen la experiencia en una embarcación, provocando que toda la tripulación se aproveche de la inocencia de la persona.

---

[6] **Marinero ordinario (Ordinary Seaman – OS),** es el rango más bajo de la tripulación de cubierta de un barco, sus deberes incluyen: mantenimiento, aseguramiento de la carga, vigilancia, etc.

[7] **Monkey Island (Compass deck)**, cubierta que está encima del puesto de navegación.

No podemos olvidar los bautizos, los cuales dependen de la cultura y el país. Hay bautizos si es tu primer barco, si cruzas el Ecuador, cuando cruzas el meridiano de Greenwich y otros. Una ceremonia de bautizo puede ser disfrazada por un BBQ, antes de eso se conversa con la tripulación, informando del bautizo, la tripulación se prepara realizando unos disfraces, siendo las figuras principales Poseidón y los Diablitos, quienes son los que hacen las maldades. Poseidón aparece con tambores y los diablos vociferando: Capitán he venido porque me han informado que usted tiene personas por primera vez en el mar, Capitán responde: Ciertamente, así es Poseidón, te presento a mi cadete de cubierta, mi cadete de máquina. Poseidón responde: Yo, Poseidón, Dios del mar he venido porque es primera vez que están a bordo de un barco, debes ofrecerme algo para poder seguir navegando en los mares y tengas mi bendición. Los cadetes realizan sus ofrendas que por lo general son licor, el cual es incluido en el BBQ. Luego de ahí deben tomar una poción, la cual es confeccionada con toda clase de ingredientes: agua salada, picante, salsas, sal, pimienta, vinagre, chile y son amarrados a un aro salvavidas, prenden la bomba contra incendio a presión y deben de cruzar por el centro contra la corriente del chorro de agua, en otras ocasiones el bautizo también suele incluir ser rasurados en la barba, siendo la espuma de afeitar grasa y/o amarrados al ancla con grasas por un par de horas.

Los peruanos cuando cruzan el Ecuador una tradición que suelen practicar es desnudar al homenajeado, pintarlo y colocar un papel en su trasero, simbolizando su certificado por haber cruzado el Ecuador.

La segunda dificultad es la comida, porque ellos están acostumbrado a un estilo de comida, una sazón, tipos de alimentos y horarios alimenticios, sin embargo en el barco, la comida depende de las habilidades culinarias del chef, costumbres de la embarcación, cultura y presupuesto para la comida de la empresa; pudiendo resultar éste cambio brusco en repentinos cambios de humor y/o una disminución rápida de peso; ya que no tienen muchas opciones, por lo cual deben de comer la comida del barco.

Sin embargo, si tienen la suerte de tener un banquete a su disposición o de contar con un buen cocinero ganarán algunas libras de más y aprenderán nuevas recetas y/o comidas que querrán poner en práctica al regresar a casa.

Tercera dificultad la cultura, como conviven con muchas nacionalidades tienen distintas culturas, hábitos, pensamientos, etc. Por ejemplo, los filipinos no se les puede señalar o ser llamados con un silbido, les desagrada porque no son perros, sin embargo no les molesta que se les toque el trasero; es una práctica que realizan mucho entre ellos, acción que les desagrada a los panameños, pero no les molesta ser llamados con silbidos. Las diferentes culturas obligan a todos en la tripulación a aprender lo que pueden y no pueden hacer entre ellos, para al final tener una convivencia agradable.

Cuarta dificultad la vida en el mar, como es su primer embarque no sabrán en ¿Donde podrán comprar los sim card?, desconocen ¿Qué necesitan para poder salir a tierra?, ¿Cómo es la seguridad del país que visita?, ¿Cuáles son los medios de transporte que se utilizan?, el cambio de la moneda, logística del puerto, entre otros, son tantas cosas que deben aprender rápidamente. Sin embargo, normalmente un buen cadete a los 3 meses de estar a bordo prácticamente debe estar familiarizado con todo, haber obtenido lo básico para poder ejercer sus funciones a bordo.

Hay noviazgos que no sobreviven a esta etapa o primer embarque de cadete y cuando ocurre esto es cuando sus colegas le dicen "ahora si eres un verdadero marino", porque si no te han dejado en el mar o después de haber vuelto a casa, no lo eres. Es muy lamentable que después de haber esperado todo el tiempo de embarque de cadete, el cual puede durar más de un año, al llegar a casa las cosas sean diferente y la relación termine, sentirás que la espera fue en vano y una pérdida de tiempo. Aunque la relación termine, para ellos si fue muy importante porque fuiste su razón para volver a casa e hiciste que el embarque fuera más ameno y soportable.

Lo cierto es que para muchos de ellos cuando están en la Universidad no está dentro de sus planes establecer una familia o tener un noviazgo, ellos quieren conocer personas, lugares, ganar dinero, entre otras cosas. Muchos de ellos se encuentran tan enfocados en superarse que no está entre sus planes tener una pareja, adicional piensan que no es necesario en ese momento añadir a la situación una dificultad más y ser egoísta al permitir que una persona se sacrifique de tal manera. Pónganse a pensar un poco, ¿Creen que en realidad pueden entablar una relación duradera cuando se encuentran en casa 3 o 4 meses? ¿Verdaderamente pueden conocer a alguien lo suficiente en ese tiempo para enamorarse?. Probablemente lo mejor debe ser tener una amistad previa al embarque o simplemente salvar la amistad antes que el amor.

Capítulo 2

Su Partida

Hay muchos momentos difíciles en esta relación y uno que no puede faltar en la lista son las despedidas, aunque nos sigamos despidiendo una y otra vez.

La despedida es ese mismo instante en la vida donde dos parejas pueden tener sentimientos entrelazados, una pareja, felicidad por el pronto reencuentro y otra tristeza por la despedida.

La llamada o el correo que nunca quieres recibir es aquel que les informa: ¡Ya es hora de irse a trabajar! Es tan impredecible su día de partida como su día de llegada. Recuerdo en una ocasión le anunciaron el día anterior que debía partir. No te da tiempo de procesar la información y de interiorizar que pronto se irá.

Los días antes y después de su partida siempre son los días

más dolorosos, empiezas a pensar e imaginar que ya no estará cada día al despertar, que cada actividad que realizan juntos así sea tan sencilla como ir al supermercado tendrás que hacerla sin su compañía y que tienen que empezar a armarse de fuerzas. Tan solo de recordar que pronto se irá sientes como se pone triste tu corazón y probablemente alguna lágrima asome tu mejilla.

Uno no sabe cómo reaccionar. A veces aunque sabía que ya pronto le correspondía irse, me enojaba, le hablaba pocas palabras y me alejaba, quizás es mi mecanismo de defensa a su partida.

No sé qué es más difícil, una llamada y pocos días para decir adiós o la agonía de esos días de espera sabiendo que quedan pocas horas y momentos por disfrutar. Antes de su partida quieres aprovechar cada minuto, cada microsegundo; tu cabeza da 1000 vueltas y no quieres que el tiempo acabe,

–Se vuelve una carrera en contra del reloj–

Todo pasa tan rápido entre hacer la maleta y dejar todos los aspectos legales firmados y realizados, que no te das cuenta que ya es hora de partir; y eso sin mencionar que puede ocurrir, como ya lo he comentado, que la partida es anunciada un día antes.

Creo que es imposible creer que trataremos de no llorar con cada partida, es duro luchar con la razón y el corazón y debatir si ser fuerte o ser débil. En mi caso personal en todas las despedidas hasta el día de hoy no he podido contener las lágrimas. Ese camino al lugar en donde diremos adiós es tan triste y desolado. Es como dar un paso con dolor, cada paso es dolor y el dolor va aumentando en cada paso.

Algunas otras al momento de las despedidas se arman de valor y fuerzas y no demuestran su tristeza, simplemente porque quieren que se vaya tranquilo a su destino. Suelen darle ánimos diciendo que no se preocupen que el tiempo pasará rápido, aunque por dentro sabes que puede que no sea así.

Hasta para la familia cada partida se hace más difícil, porque sienten que es como si te regalarán un dulce al que te has acostumbrado y de pronto te es arrebatado.

Ese momento deja un gran vacío en tu corazón, que puedes sentir un orificio en tu interior, a veces duele y lloras tanto que quedas inconsciente, anestesiado. Puedes sentir que no tienes consuelo y te mantiene la esperanza que en unos días volverás a sentirte mejor.

Ellos por su parte, hacen un gran sacrificio al agarrar sus maletas y cruzar por aquella puerta y dejar a su familia y a sus hijos que necesitan tanto de ellos.

Cuando llegas a casa sientes un vacío, un gran silencio, hasta tu hogar se da cuenta que ya no está. Podría decir que lo que más extrañas es: su apoyo moral, la comunicación, el calor físico, no verlos, los momentos de compartir juntos, llegar a casa y saber que nadie te estará esperando, tantas cosas que es mejor decir “extrañas todo y nunca dejas de extrañar”.

Esas primeras noches pueden ser un martirio, das mil vueltas en la cama, no encuentras la posición correcta, no puedes conciliar el sueño, te hace falta un cuerpo en donde poder apoyarse, unos brazos que te abracen, la única solución que encuentras es dormir abrazada de muchas almohadas, quizás una grande y larga que trate de reemplazar su cuerpo y hasta podrías dormir con las manos agarradas simulando que se encuentra contigo.

Y ni hablar de los días después de su partida, andas tan sensible que no necesitas el roce de un alfiler para que tu rostro cambie su expresión. Tan solo recordarlo, o que te lo recuerden son aspectos que te desalientan. Es muy curioso, pero cuando se ha ido, en todos lados, te preguntan ¿Cuándo viene?; si por cada vez que me realizan esa pregunta me regalaran 0.1 centésimos, creo que en este momento tendría una gran fortuna.

Por su parte, los hijos también extrañan su ausencia, extrañan a su padre/madre al acostarse, aquel que le cuenta cuentos antes de dormir, que vela su sueño hasta que queden dormidos y los arropa para que no sientan frío. Extrañan tanto esas cosas particulares que hacen sus papis. Por ejemplo: un amigo me comentó que su esposa cuando acostaba a su hijo le daba la mamadera y cerraba la puerta, cuando se percataba que estaba dormido lo arropaba, sin embargo él tenía otra rutina para acostarlo, se quedaba con él hasta asegurarse que se durmiera, esto trajo como consecuencia que la mamá no pudiera dormirlo en sus ausencias, porque al bebé le gusta más la mecánica que utiliza el papá, velarle el sueño.

Los primeros días hay momento que los hijos también se encuentran muy sensibles y hay ocasiones que lloran desconsoladamente y se encuentran más propensos a enfermarse, con el pasar de los días pueden acostumbrarse a su ausencia, pero siempre con la pregunta de ¿Cómo está su padre/madre? y ¿Cuándo lo volverán a ver? o ¿Cuándo llamará?

Por cierto, el día de hoy 20 de noviembre del 2016 que escribo este capítulo ha sido su partida y fue muy dolorosa, aún recuerdo su rostro al despedirnos en el aeropuerto, ninguno de los dos pudo contener las lágrimas, cada abrazo anticipaba lo que estaba por ocurrir, es un momento que tu mundo se paraliza y ni siquiera pasa por tu mente las personas que pueden estar observándote, al final me retiré antes que la puerta me impidiera verlo, porque cada vez que se alejaba más ambos sufríamos.

También pasa por mi cabeza todas las cosas o planes que voy a hacer para ocupar el tiempo, ¿Cómo voy a enfrentar este nuevo embarque? Y lo que quiero mejorar para estar más tranquila. En mi caso, es como ponerse metas varias veces en el año.

Después de su partida sientes que detienes tu vida por tu pareja o que detienes tus sueños por ellos. Aspectos de tu vida quedan paralizados. En ocasiones su estado anímico o preocupaciones son más importantes que las tuyas. Nunca sabes con precisión cuándo solicitar vacaciones en tu trabajo, porque estás a disposición de que tu pareja llegue a casa y puedan disfrutarla juntos. Probablemente no te atrevas a reservar un hotel o comprar pasajes de avión para vacaciones porque temes que la fecha que tengan previsto para que desembarque no sea la acordada. Detienen todos los planes a la expectativa de la confirmación del fin de su contrato.

En el tiempo de su ausencia vives a la expectativa de fechas y días. Planeas en tu mente todos los cursos, actividades o deportes que practicarás en ese tiempo a solas. Cuantas hemos estudiado en ese tiempo inglés, cocina, pintura, canto, costura, una nueva licenciatura, maestría, etc. Cuantas nos hemos inscrito a un gimnasio, practicado yoga, crossfit, baseball, basketball, danza, fútbol, tenis, etc. Realizamos y nos inscribimos a tantas actividades con el simple hecho de poder hacer que las manecillas del reloj marquen lo más rápido posible.

Sin embargo, cuando ya cuentas con una familia constituida por hijos y no trabajas, tu tiempo se puede ver ocupado por el cuidado de ellos y de la casa; puede ser el caso que ya no tengas vida social, más que la que te pueda ofrecer una fiesta de pijama con tu descendencia.

Cuando estás agitada, nerviosa, triste, ansiosa tu hijo también lo siente, porque los bebés están conectados con la mamá, estuvieron 9 meses en nuestro vientre, el doctor pudo cortar el cordón umbilical, pero la relación entre madre e hijo no es cortada tan fácilmente, pudiendo sentir todo lo que nosotras sentimos, siendo influenciados por nuestros sentimientos, por lo cual se hace fundamental mantener la calma y la cordura en los momentos de soledad.

No me atrevo a asegurarlo, pero un gran porcentaje de las parejas de navegantes nos volvemos solitarias y ermitañas, preferimos el calor y la seguridad de nuestro hogar que las salidas y la interacción con otras personas, ¿Será porque todo nos lo recuerda?

Siempre serás la representante en los cumpleaños, fiestas especiales o eventos, en donde nunca faltará como les había comentado la pregunta popular ¿Cuándo viene? ¿Dónde está?

Fiestas de navidad, año nuevo, sus cumpleaños, aniversarios ya no serán lo mismo. Aunque te encuentres rodeada de muchas personas, sentirás que te hace falta algo, una parte de tu corazón. Encaras al mundo con una sonrisa falsa, pero en el fondo te mueres por gritarles que estás sufriendo. Respiras hondo para poder contener las lágrimas, aprietas los labios, sientes como produces más saliva de la normal y tienes un dolor en el pecho que no se aleja de ti.

Fiestas especiales que anhelas estar en la compañía de esa persona, pueden pasar desapercibidas y por alguna razón no sientes ánimos de festejar y siempre tienes en tu pensamiento, lo mucho que te gustaría que estuviera ahí para compartirlo contigo. Siempre recreas en tu mente lo que estaría ocurriendo o cómo te sentirías si estuviera contigo y le pides fuerzas a Dios para soportar esa ausencia.

En esos instantes en lo único que piensas es en llegar a tu hogar, tu lugar seguro, para descargar todo eso que tienes atrapado y no sabes cuándo se alejará de tu ser.

En los momentos de logros, como un ascenso, una premiación, graduaciones, reconocimientos, siempre te gustaría que la primera persona en contárselo sea ese ser amado. Cuando te ocurre algo así, es la primera persona que pasa en tu pensamiento y la primera con la cual quisieras celebrar, pero probablemente la celebración tendrá que realizarse después y deberá ser comunicada por medio de un correo electrónico, de una llamada o un mensaje cuando se encuentre en el puerto.

Cuando tienes la oportunidad de ver a alguien con algún símbolo marítimo, ya sea una pulsera, un t-shirt, una joya, es como si de una vez tus sentidos quedan en alerta y te preguntas si estará viviendo tu misma historia.

Pensándolo bien, el segundo nombre con el cual nos deben bautizar debe ser “espera”, porque en la vida de una pareja de un navegante siempre debemos esperar, ya sea una llamada, un mensaje, una llegada, una partida o una noticia.

Afortunadamente para nosotros hemos buscado la manera de hacernos presentes en esos momentos especiales o en esos momentos de celebración, en verdad no sé ¿Cómo le hace?, pero siempre busca la manera de sorprenderme para mi cumpleaños, siempre ha encontrado un cómplice para que me sorprenda con un ramo de flores, y es unos de los regalos más gratos que puedes recibir, sobre todo cuando no te lo esperas y es realizado organizando todo a muchos kilómetros de distancia; en mi caso, para su cumpleaños #30, solicité a 30 de sus amigos que le escribieran una carta la cual representaría un recuerdo, quise hacerlo un poco más interesante solicitando a amigos que siempre mencionaba, pero que yo no conocía o que tenía tiempo que no los veía, al final por fortuna un amigo que trabaja en la misma compañía iba a embarcarse en el mismo barco que él, por lo cual pudo ser el mensajero del regalo –Por suerte, Dios alineó todo en las condiciones adecuadas para poder lograr el cometido –

Con el pasar de los años, las personas que me conocen y familiares me preguntan o comentan muy a menudo ¿Cómo puedes soportar tanto tiempo sin verlo, yo no podría?, Yo estoy solamente algunos días sin ver a mi esposo/a y ya no sé qué hacer. Ojalá tuviera la respuesta para esa pregunta, ni siquiera yo aún la he descubierto. El ser humano aunque no lo creamos nos adaptamos a la situación cuando tenemos que encararla, pensamos que no podemos hacer muchas cosas, pero cuando nos corresponde enfrentarlas lo hacemos. Aunque definitivamente hay una persona para cada cosa, no todos podrían hacerlo, estarían dispuesto o quisieran llevar un estilo de vida como el de nosotros/as.

Por eso cuando eres pareja de un navegante, vives en carne propia la discriminación del mundo, en un principio te puedes sentir cohibida o hasta con temor de mencionar que eres una esposa o novia de un navegante y ¿Por qué? Porque aunque no lo digan puedes imaginar cómo tienen en sus pensamientos: "Amor de lejos, amor de pendejo", "una mujer en cada puerto o amor de lejos amor de cuatro", tantas palabras, tantos refranes que solamente son utilizadas por personas que no han vivido un amor verdadero con un navegante, un hombre de tierra o no conocen el significado de la palabra amor, pero déjenme decirles: hombres y mujeres infieles hay en todas partes, no necesitan estar en el mar, ni distanciados para serlo.

Lamentablemente estamos propensas a tener presión de toda la sociedad, empezando por la familia del que se queda en casa, para una familia es muy difícil aceptar que un hijo/a, hermano/a, primo/a, sobrino/a viva relaciones a distancias y se les puede dificultar confiar en el ser que deja a la persona que ama, en algunas ocasiones podrías escuchar ¡Ay no, eso no va a funcionar! ¡Eso no va conmigo!

Por otra parte, no podemos olvidar a la familia del navegante, quienes piensan que nos encontramos con ellos solamente por su dinero o por las cosas que nos pueden ofrecer, o también suele ocurrir, que la familia siempre busca en nuestra pareja ayuda económica porque no lo podemos negar es una profesión con mucho sacrificio, la cual es casi siempre bien remunerada.

Dependiendo de la relación que puedas cultivar con la familia de tu pareja puede ser un gran apoyo o un gran dolor de cabeza, en cuanto a las amistades muchas no aceptarán la relación y te aconsejarán que no es bueno ni siquiera intentarlo, tratarán de hacerte cambiar de decisión y ni hablar cuando le comentes que han aceptado comprometerse y tener hijos, será como un insulto a sus tradiciones; sin embargo habrá otras que al conocer la pareja y la relación con la cual cuentas te apoyarán en la decisión.

Aunque no lo puedas creer también se vive con presión del lugar de trabajo o del empleador. Recuerdo que en una ocasión fui entrevistada por la Gerente de Recursos Humanos de una empresa energética del país, como es costumbre te realizan preguntas relacionadas a tu familia y realizó la pregunta inevitable, ¿A qué se dedica tu pareja?, al responder la pregunta, no vaciló en realizar el siguiente comentario: ¿Cómo puedes vivir así?, ¡Eso no es vida!, fue inevitable salir de esa entrevista y que esas palabras no retumbaran en mi cabeza.

Recuerdo en una ocasión participamos en la iglesia de un taller de parejas, pero mi esposo no pudo asistir a la ceremonia de clausura porque le correspondía irse a trabajar, ese día de la clausura lloré tanto, que hasta sentía vergüenza. Pero nunca falta quien termine de rematar aunque pueda percibir que te sientes mal. En esa ceremonia una persona se me acercó y me dijo, "Espero que tu esposo vuelva pronto, porque eso de amar a distancia es amor de cuatro". No pudo haber emitido un comentario tan cruel en un momento tan sensible, recuerdo que sentí mucho coraje por la crueldad de sus palabras y en un lugar sagrado como la iglesia, pero por lo menos dijo lo que sentía.

Aunque no lo crean lectores su pareja también experimentará la presión y los comentarios de los demás, sobretodo de los compañeros de trabajo, nunca faltará algún compañero que sea como el diablito siempre realizando comentarios negativos, haciendo mofas referente a la ubicación o actividades que puedan estar realizando su pareja, siempre habrá algunos otros más reservados porque viéndolo bien, los compañeros que también cuentan con pareja no tienen derecho a realizar burlas porque también se encuentran propensos a las mismas circunstancias.

Al pasar de los años, la presión va disminuyendo para los que pueden presenciar la relación con la que cuentan; sin embargo, solamente se encuentra dormida porque al conocer nuevas personas el ciclo vuelve a comenzar.

Son tantos obstáculos, experimentas el señalamiento del ser humano que seguro te habrás preguntado en algunas ocasiones si vale la pena, tanto sacrificio. Pero quiero decirte algo, si lo vale, siempre y cuando sientas que ese navegante daría todo por ti o sientes que se encuentra comprometido con la relación.

En su ausencia al momento de tomar una decisión difícil, no es tan fácil como levantar el teléfono y llamar para recibir la opinión de la persona que para ti es la más importante al momento de tomar decisiones. Cuándo necesitas tomar una decisión al instante, no hay tiempo para esperar la respuesta por medio de un correo o de una llamada.

Cuando te encuentras en este tipo de relación eres obligada

a tomar decisiones y muchas veces son tan importantes que dependerá el futuro de tu familia. No tendrás a ese apoyo cerca para que aclare tu mente o para que te brinde una opinión de qué es lo mejor que debes decidir. Es uno de los momentos en los que necesitas contar mucho más con su presencia, pero como en muchas ocasiones no puede ser posible.

A pesar de la distancia siempre he tratado, si la situación lo permite, que mi esposo partícipe de la toma de decisiones importantes para que también sienta que es tomado en cuenta y que es parte de este equipo.

Por otro lado, no hay momento más difícil que la pérdida de un familiar, es un vacío que deja en el corazón de cualquier persona, siempre queremos darle el último adiós a ese ser especial y mucho más cuando se trata de un familiar cercano.

Imagínate estar del otro lado del mundo, a miles de kilómetros y fallezca un familiar, no hay nada que puedas hacer, probablemente no recibas la noticia a tiempo y si la recibes a tiempo por más que trates de hacer el intento probablemente no puedan llegar a despedirlos en su última morada. Me pregunto: ¿Cómo te sobrepones a esto en el mar?

De igual manera, debe ser difícil sobreponerse en el mar a las peleas y mucho más cuando se hacen habituales. Al principio de tu relación puedes tener peleas frecuentes cuando se encuentra embarcado, no puedes contener las ganas de reclamarle aspectos con las cuales no te encuentras de acuerdo o has podido observar durante su ausencia.

Nunca faltará una disputa provocada por las redes sociales, una discusión originada por una extensión de contrato, un reclamo por una salida no anunciada, una decisión tomada con la cual no se encuentra de acuerdo o los desacuerdos con la familia de la pareja.

Cuando hay diferencia con la pareja que se supone deben tener una armonía y un apoyo, el poco tiempo de comunicación que se tiene se utiliza para discutir, debemos de analizar la situación y pensar si en realidad vale la pena discutirlo o si se puede resolver en otro momento, porque hay que guardar los problemas para más adelante o llegar a un acuerdo si hay que tomar una decisión, debemos tratar de no pelear porque hay mucho tiempo y mucha libertad y poco tiempo para amar, ese tiempo se debe utilizar para amarse porque ambas personas se extrañan.

Lo que puede parecer una simple pelea puede desbalancear su mundo, volviéndose distraídos y propensos a provocar un accidente o que le ocurra un accidente a él, siempre debemos de preguntarnos ¿Cuántas vidas dependen de mi pareja?.

Estar peleados o enojados cuando hay distancia, crea más inseguridad en la relación, aumenta la distancia, disminuye las ganas de hablar con la pareja y los días se vuelven más largos.

Al terminar una discusión pueden reaccionar mal, provocando

que sean groseros con otras personas que no tiene la culpa de lo sucedido, trayendo como resultado un mal ambiente en el barco, que el contrato sea más pesado y sobretodo provocando depresión y enojo.

Cuando invertimos tiempo en discusiones estamos propensos a que otras distracciones ocupen nuestro lugar. Si pensamos en retrospectiva el tiempo que anteriormente se ha invertido en pelear, probablemente muchas de esas peleas ni siquiera tuvieron que haberse originado. En ocasiones se invierte tanto tiempo en discusiones y peleas en el mar que no vale la pena.

Pero puedes tener la oportunidad de reconciliarte después de una pelea, si tienes la oportunidad de visitarlo en un puerto. Visitarlo a los puertos, metafóricamente tiene una similitud con una visita a un preso y ¿Por qué?, te preparas para llevarle algunas cosas del hogar, le preparas algunas de sus comidas favoritas, te arreglas lo más que puedas para tu cita y tratas de imaginarte todas las cosas que puedas hacer o llevar para hacer de su viaje un poco más agradable.

También te volverás el medio por el cual se realizarán favores a los demás miembros de la tripulación, siempre tendrás que realizar una compra inesperada, complacer un antojo, realizar investigaciones para pedidas de mano, entre otros aspectos.

Algunas tenemos la suerte de tener puertos en nuestro país o cerca de nuestro país y tenemos mucho más suerte, si el barco tiene planificada realizar carga o descarga en alguno de esos puertos, sin embargo aunque realicen puerto en tu país, no significa que tendrás la certeza de poder verlo, ya que como se han podido percatar la vida del mar es muy impredecible.

Imaginar que estará en tu país a unas cuantas horas de ti y no poder verlo por motivo de trabajo u otra circunstancia te hace sentir una gran impotencia, te quisieras tele-transportar hasta donde está para poder observar su rostro, sentir sus labios y su calor aunque sea por unos segundos.

Que el barco realice carga o descarga en un lugar cercano o que se pueda realizar un recorrido de horas beneficia en que podrías hacer un viaje y a veces ni siquiera importa las horas que involucra el recorrido y el tiempo que tendrás para poder verlo; así tan solo sean unas pocas horas, porque harás todo el esfuerzo para visitarlo.

A veces nos gustaría que los puertos no fueran tan productivos y dieran premios a sus operadores por número de movimientos realizados o de productividad porque entre más rápido es el puerto menos tiempo están en ese lugar, lo cual conlleva a menos horas contigo.

Algunas han tenido el privilegio que el barco tenga más horas o días en el puerto, por lo cual probablemente él pueda tener la oportunidad de ir a visitarte a casa, hasta quizás se podrá quedar a dormir y dejar su aroma en tu habitación.

Otras parejas habrán realizado el recorrido hasta el lugar acordado, probablemente unos días antes, y cuando logran comunicarse con su navegante escuchar la noticia que el barco se encuentra retrasado, que el barco fondeo, o que estará unas pocas horas en operación.

Yo he tenido varias oportunidades de ir a visitarlo al puerto y no importaba la hora de la madrugada o el día, siempre he realizado el intento por ir a verlo.

En ocasiones ha tenido descarga y carga en un puerto, en un lugar peligroso de mi país, te imaginas una mujer sola a las 12 media noche, regresando para su casa, en una autopista desolada, en donde solamente te acompañan las camiones de contenedores y muy pocos autos, duermes un par de horas y en la mañana de vuelta a la rutina de trabajo, haces eso, una y otra vez, solamente con la intención de verlo algunas horas. Sin duda alguna uno por amor hace cosas que quizás nunca había imaginado hacer.

Las vicisitudes o particularidades de esta vida en algunas ocasiones en vez de enojarnos nos provocan risa, porque cuando tengo la oportunidad de verlo solamente tengo unas pocas horas para poder disfrutar de su compañía, sin embargo, hay ocasiones que por cuestiones de trabajo o un paseo en áreas lejanas del país, lo cual me impide poder ir a visitarlo es cuando más horas hubiera podido ser el encuentro.

A veces no sabes que es peor verlo unas horas y volverlo a extrañar mucho más o simplemente no verlo y seguir esperando los días que hacen falta para su llegada. Y solamente manifiesto

esto porque a veces cuando no lo ves físicamente de seguido, ya te pudiste haber acostumbrado o haber asimilado su ausencia, y ese choque de volverlo a ver, revive esa llama de que no está.

No puedo olvidar toda la logística que tiene que realizar nuestro navegante para poder asistir a nuestra cita en el puerto. Primero es muy importante conocer "la posible" hora de llegada, para así saber si se encuentra dentro de sus horas de descanso o si fuera el caso, debe intercambiar guardia con alguno de sus compañeros y comunicar a su jefe inmediato.

Tener una mejor posición es una ventaja, pero también involucra más responsabilidades, un beneficio de ser el Capitán es que siempre tiene la prioridad para bajar del barco. Si el Capitán baja del barco el Primer Oficial, Primer Piloto o Chief Officer[8] no lo puede hacer porque siempre debe de permanecer uno de los dos; aunque el capitán no sea el tripulante que cubra en la guardia al 1er. Oficial.

Para ellos es **sumamente importante** recibir la visita ya sea de un familiar, amigo(a), novio(a), padre, madre, tíos(as), hermanos(as), primos(as), los hace sentir queridos y extrañados.

Hay familias que reconocen la importancia de ese apoyo, conozco un caso de unos padres que realizaban el viaje al puerto a ver a su hijo, no había ni una sola visita a su país de origen en donde su familia no hiciera el recorrido para ir a verlo. Tuve la

[8] **El primer oficial,** es habitualmente un vigilante y está a cargo de la carga y la tripulación de cubierta del barco. Generalmente es el segundo al mando después del Capitán.

fortuna de poder presenciar una de esas visitas, nunca se borrará de mi memoria ese momento en donde pude observar el rostro de felicidad de esa madre al ver a su hijo, fue un sentimiento tan genuino, su rostro se iluminó como si estuviera viendo a su hijo por primera vez.

Muchas veces me he preguntado, ¿Cómo pudieron escoger una carrera en donde haces tantos sacrificios, debes alejarte de los seres que amas, estar encerrados y que en tu mirada solamente veas agua y más agua? Para ellos, la respuesta es muy sencilla, son los que dominan al mar y a pesar de todo lo difícil de la carrera, no hay ningún lugar en la tierra donde van a sentir más libertad que en el mar, es un sentimiento como de aventura, de libertad, que a pesar que están trabajando y encerrados se sienten libre y se pueden desconectar totalmente del mundo, algo irónico, ¿no?

No es irónico, lo que extrañan del mar es esa sensación de estar en contacto con su yo interno, esos tiempos de reflexión, de apreciar las maravillas de la naturaleza, un lindo amanecer, un impetuoso atardecer, observar animales extraordinarios en su hábitat y sobretodo tiempo, tiempo para aclarar sus pensamientos y vivir la vida pausadamente.

Capítulo 3

La Comunicación

Sin duda alguna una buena comunicación es la pieza fundamental para que la relación funcione. Tener poca comunicación es uno de los aspectos más difíciles en una relación a distancia o de la vida de una pareja de un navegante porque es el recuerdo constante que no se encuentra junto a ti.

Hace años atrás, la tecnología no se encontraba tan avanzada como ahora. Los destinos de su embarcación eran los puertos de Asia y Europa, las llamadas eran tan costosas, no existía el correo en el barco, por lo cual la única comunicación que teníamos era una llamada de puerto en puerto, cada 21 días o cada 42 días.

Cuando no existía correo, internet o celulares para

comunicarse, se utilizaban teléfonos públicos, los cuales solían encontrarse en la mayoría de los puertos; en algunas ocasiones solamente había un solo teléfono público, haciéndose una fila enorme en donde podían esperar hasta 2 horas para poder comunicarse con sus familiares.

También se utilizaba el método de carta, en donde la carta era entregada al agente, el cual enviaba la carta sin costo alguno y por lo general era cargado a la empresa. Imágenes tengo en mi cabeza, donde el barco se encontraba en medio del mar y le era lanzado un saco con todas las cartas de la tripulación. ¡Era tan difícil comunicarse!

Hoy en día el panorama ha cambiado un poco con la tecnología, los teléfonos celulares y sobre todo el internet !Bendito Invento¡ . Al llegar a puerto y saber que pueden contar con servicio telefónico, una de las primeras cosas en las que ellos deben de pensar es de ¿Dónde pueden realizar la llamada?, ya sea de un duty free[9], centro comercial o un seaman club. Cuando puedan obtener comunicación probablemente tendrán que hacer varios malabarismo para poder conectarse, buscar donde hay mejor señal, rezar para que no se paralice el audio, o se caiga la llamada, con suerte puedes entender todo lo que te quiere comunicar; cuando logras conseguir todos esos retos quizás el saldo de la tarjeta se ha agotado y terminas con un sin sabor de las conversaciones inconclusas. – Por mi parte, nunca olvidaré ese sonido de una llamada caída en Skype –

---

[9] **Duty free**, tiendas libres de impuestos.

En otras ocasiones descifras que hay un retraso en las palabras, empiezas a realizar una conversación de respuestas pausadas, donde tienes que esperar que el otro hable para tu poder responder. – En estos momentos tan solo de recordar esos acontecimientos, solamente puedo sentir risa, pero en esos años, en ese instante solo sentía frustración –.

En los últimos años comunicarse por teléfono es mucho más fácil y se ha vuelto más accesible, sin embargo aún en algunas ocasiones sigo sintiendo frustración porque a pesar de los avances de la tecnología en algunos países puedo volver a revivir esas mismas dificultades para poder comunicarnos.

Espero que hayan tenido la oportunidad de ver ese lugar en donde su pareja guarda sus chips o sim card, en mi caso son de tantos países, que no sé en realidad como hace para saber ¿A qué país pertenece?, aunque he podido observar que algunos países le colocan la bandera o el nombre del país, una muy buena iniciativa para poder identificarlos. Imagina todas las claves, o números que debe de marcar para poder ingresar saldo, las preguntas de los planes de celulares que existen, los favores que debe de solicitar para comprar saldo y las veces que las compañías de celulares los han estafado al ingresar una tarjeta que nunca reconoció o un saldo que desapareció, deben de ser muchas cosas para realizar una llamada y poder acercarse más aunque sea en la distancia. Sin duda, ninguno de estos obstáculos disminuye las ansias que tienen por saber de sus seres queridos.

Es tan importante la comunicación con los familiares que puede convertirse en todo un ritual, realizando puntualmente las llamadas en días específicos. Claro está, en todas las embarcaciones no es tan difícil comunicarse, existen los casos de los barcos, en donde debido al tipo de negocio, duración de los viajes y puertos que visitan tienen internet permanentemente, facilitando la comunicación diaria. En algunas compañías proporcionan los servicios sin costo alguno, sin embargo en otras compañías no es gratis, ya que realizan un descuento a la tripulación en proporción del servicio otorgado.

Poder observar el rostro de tu marino por medio de una video llamada hace que valga la pena cualquier sacrificio, a diferencia de la llamada caída, cuando se paraliza la video-llamada te regala unos segundos para apreciar, contemplar y soñar despierta. Lo primero que ves es una gran sonrisa y el acostumbrado saludo: Hola amor ¿Cómo estás?, te permite asegurarte si se encuentra bien, sí ha aumentado o bajado de peso, si tiene un nuevo look, entre otras cosas. Después de la despedida nunca faltará que revivas esa imagen una y otra vez a lo largo de los días.

Otro aspecto importante en la comunicación, u otro aliado para los que tenemos una relación a distancia, es el correo. Para las que tenemos el privilegio de contar con comunicación por correo, por lo menos podrás recibir un correo al día, lastimosamente se tiene un límite de caracteres para escribir o enviar, por lo cual si tuvieras que contar muchas cosas, debes de dividir el correo.

Adicional no se pueden enviar imágenes o adjuntos, ya que esto involucra el pago de excedentes.

Me he percatado que los correos son sagrados, al inicio cuando deben de configurar el correo, la computadora los reconocerá como no deseado o correos spam, cuando te percatas que fue re-direccionado puedes leer varios correos que digan, ¿Por qué no me has respondido? ¿Será que no te ha llegado el correo? Y cuando por alguna razón hay fallas en el correo, leerás mensajes como estos: ¿Estas enojada conmigo? ¿Tienes mucho trabajo? ¿No te están llegando mis correos? No he sabido nada de ti en días, espero no te haya pasado nada.

En ocasiones tendrás tantas cosas que quieres contar, que las piensas en tu mente, pero al momento de plasmarlas en el correo, sientes que no llenan su cometido y probablemente sólo escribas unas cuantas líneas, porque en ocasiones resulta frustrante, tener que contar todo lo de tus días, a través de unas letras de computador.

Sin embargo, en ambos casos cuando escribes correos es un momento de intimidad en donde deseas concentrarte para poder escribirle aunque sea unas cuantas palabras, también para ellos les gusta hacerlo sin presencia de los compañeros, volviéndose un momento para los dos en donde se cuentan las vivencias en su ausencia y se hacen partícipe de lo que vivimos.

Sería muy egoísta de mi parte no mencionarles la parte positiva, fue, ha sido y será la llamada y el correo más esperado, tan solo escuchar su voz hacía y hace que mi alma vuelva a su cuerpo, tan solo oír su voz es como escuchar tu canción favorita, sientes tanta felicidad que ni siquiera la puedo describir, tan solo leer sus letras es como si sintieras que te la está diciendo en el oído.

También en este tipo de relación tienes que ser muy cuidadosa y selectiva con los problemas o aspectos que están ocurriendo que necesitan saber, porque en ocasiones cuando llaman a un familiar, lo que menos quieren escuchar son quejas que no tienen sentido ni siquiera mencionarlas. En otras ocasiones se puede aumentar su ansiedad, porque imagínate cómo te sentirías si hay algo en lo que quieres apoyar y sabes que no hay nada que puedas hacer, sentirías una gran impotencia. Adicional podría provocar un accidente, ya que los problemas pueden desconectarlo de las actividades que están realizando.

Aunque es muy difícil comunicarse los navegantes prefieren las comunicaciones entrecortadas porque les brinda la oportunidad de conocer lo que está ocurriendo durante su ausencia, ya que en caso contrario estarían semanas sin conocer nada al respecto.

Para ti también es importante conocer lo que le sucede a tu marino, al igual que él, tú también te encuentras interesada en conocer sus actividades diarias. He conocido todos los nombres de los compañeros de trabajo y él también aunque no trabaje conmigo conoce todos los problemas o situaciones que ocurren en mi lugar de trabajo, hasta reconoce los nombres y las ocupaciones de quienes trabajan conmigo.

La comunicación es tan importante en la relación que en un segundo puedes revisar 100 veces tu celular o tus correos con el simple hecho de tener la esperanza de encontrar unas letras de tu marino indicando que tuvo un tiempo para escribirte o que ya se encuentra en puerto, te desvelarás con él en sus guardias de madrugada con el simple hecho de poder conversar y porque no tener una video llamada y observar su rostro, estacionarás el auto, te quedarás en casa por el simple hecho de poder aprovechar la oportunidad para conversar, aprovecharán hasta las últimas barras de señal del celular con tal de compartir todos los segundos de comunicación que puedan, después de haber perdido la comunicación, él conocerá todos los lugares en donde podrá aprovechar nuevamente unos minutos adicionales de señal y te dirá: "Estoy pasando por una isla o cerca de la costa pude obtener señal" o "Ya es el último lugar en donde tendré señal", en caso tal no cuente con teléfono, saldo o sim card del país pedirán prestado un teléfono al compañero, solicitarán favores y utilizarán todos los medios para poder comunicarse, por todas estas acciones que se realizan sin duda alguna, comunicarse es la pieza fundamental para mantener una relación a distancia.

Capítulo 4

La vida a bordo

A través de las entrevistas para recopilar experiencias, he podido apreciar y valorar la espiritualidad de muchos/as navegantes; la cual ha sido resultado de bastante horas de meditación a través de tantos años de embarque y tiempo para estar con ellos y reflexionar. Me ha ayudado a comprender el porqué de los cambios positivos de mi esposo, la enorme paciencia que tiene conmigo, porque en ocasiones sé que puedo ser una persona muy difícil e insoportable, su amor incondicional, como si yo fuera su mayor recompensa, esas ganas de vivir la vida al máximo, de no desperdiciar ningún momento del día y sobretodo de encarar la vida con alegría; ya que como me dijeron en una ocasión los/as navegantes deben ser muy alegres, porque están propensos a sufrir de depresión, aunque quiero resaltar que todos no son muy alegres, como todo, cada regla tiene su excepción.

La vida a bordo es una vida totalmente diferente a la vida en el hogar. Durante el trabajo, su casa es de hierro, con espacios diminutos, muchas escaleras, rodeado de extraños, horarios de trabajos y comida establecidos, donde en algunos casos no puedes escoger lo que quieres comer, estas a 5 minutos del trabajo y a 5 minutos de la casa, te encuentras en otro país, pero no necesariamente lo podrán explorar y/o conocer, dependiendo de la tripulación, utilizarás otros idiomas, conocerán otras culturas o costumbres y a otras personas, todo en la vida a bordo es diferente.

La celebración de las fiestas especiales dependen de muchos factores. De quienes se encuentran a bordo, del ánimo de la tripulación, la ruta del barco, de los jefes, entre otros. Los días previos a la celebración, el ambiente es de melancolía, se siente la necesidad mucho más de hablar con sus familiares, revisan constantemente las fotografías y los recuerdos y entre compañeros aumenta la conversación acerca de los familiares.

En cuanto al día de la celebración, si cuentan con unos jefes que incentivan y son preocupados con la armonía del barco y adicional a eso la ruta es favorable en cuanto a ubicación y tiempo, la celebración podrá ser más amena, aunque nunca las fiestas especiales son celebradas con el mismo ánimo que en casa, ¡Nada mejor que celebrar en casa!

La gran mayoría de los marinos han pasado su cumpleaños fuera de casa; donde la fecha de su nacimiento se convierte en una fecha sin sentido, un día más, el cumpleaños no existe y mucho menos una fiesta de cumpleaños, porque la tripulación se acuerda de los cumpleaños de sus compañeros cuando revisan la documentación de la tripulación, y depende de cuánto le guste celebrar su cumpleaños, él se comprará su dulce.

En las fiestas de navidad y año nuevo se aumenta el compañerismo, porque todos se encuentran viviendo la misma situación, estando lejos de casas para un mejor futuro y por el bienestar de su familia.

Navidad y año nuevo no siempre son celebrados, porque Navidad es para los cristianos y depende de la tripulación y sobretodo del cocinero, que es el principal en las celebraciones, ¿hará una deliciosa comida? o simplemente una comida cotidiana, haciendo la velada especial o convirtiendo la noche en un día más. En los cruceros la cosa cambia, hay decoración, música, risas, navidad temática y una cena súper especial para los tripulantes, haciendo que todo mundo ande contagiado con la celebración y aunque siempre los familiares que se encuentran en casas están en su pensamiento, por momentos se despejan y la celebración puede ser más llevadera.

Trabajar a bordo es trabajar bajo mucha presión, adicional es un trabajo fuerte y peligroso. Dependiendo de la posición se tienen más responsabilidades y/o trabajo físico, pero en general, es un trabajo fuerte, y ¿Por qué es fuerte?, porque nunca es fácil trabajar y dormir en tu lugar de trabajo, sobretodo porque se encuentran en un ambiente confinado, donde es muy importante aprender rápidamente y/o hacer una separación de su tiempo laboral y su tiempo de descanso. Desde que ellos se suben al barco, prácticamente se encuentran esperando instrucciones, "ellos viven en el trabajo", si reciben una llamada telefónica en sus horas de descanso para atender una emergencia o solamente brindar una ayuda, simplemente no pueden hacerse los locos y no atender porque tendrán a alguien tocándole la puerta para que cumplan con sus responsabilidades. Si tienen que realizar un ejercicio de rescate, atender a las autoridades, realizar maniobra, problemas de carga o descarga, en ese momento no interesa quien se encuentra en sus horas de descanso, simplemente tienen que atender lo que se les está solicitando. En el mar, no existen sábados, domingos, días feriados, cumpleaños, todos los días son iguales y se debe de trabajar la jornada completa. Hay frases entre los tripulantes que señala que realmente identificas los días de la semana por la comida, ya que en algunos barcos los domingos son de asado o bbq y normalmente el departamento de máquina no trabaja o trabaja menos y los de cubierta trabajan hasta el mediodía, pero esto es solamente para los que no realizan guardia, porque el personal que realiza guardia trabaja todo los días, toda la duración del contrato. No quisiera imaginarme yo trabajando en un lugar donde mi casa sea mi trabajo, lo más probable sería que trabajaría sin cesar muchas horas al día, no tendría vida; sería un zombie en el trabajo, rápidamente me volvería loca. Quizás debe ser esa la razón por la cual muchos navegantes no regresan después de su primer embarque, probablemente no pudieron separar el trabajo del tiempo libre.

Las relaciones entre compañeros dependen del carácter y la cultura de la tripulación a bordo. En un mismo espacio están conviviendo distintas nacionalidades, las cuales pueden tener religiones, creencias, ideologías y políticas muy diferentes una de la otra. Católicos, musulmanes, budistas, ateos, etc.; personas con sus creencias muy marcadas y sin temor a defenderla, todos conviviendo en un mismo espacio. Si quieres conservar amistades o compañerismos deben existir temas prohibidos, entre eso religión y política. En el peor de los casos se debe ser muy delicado en lo que se dice porque tiende a ofender a las personas. Normalmente no debe afectar el clima en el trabajo, pero es algo que no se puede evitar, por lo cual en algún momento habrán problemas por las creencias. Sin embargo, en general la relación debe ser respetuosa, tú me respetas, para que yo te respete.

Toda la convivencia dependerá del carácter de cada uno, siendo el carácter un factor determinante, no importa la nacionalidad, la educación o la cultura, siempre habrán personas tranquilas y personas groseras o de un carácter fuerte. Imagínate tener malas relaciones con una persona, que tan solo el hablar te incomoda y que lamentablemente tienes que verlo las 24 horas del día y peor “vivir” con esa persona, definitivamente se deben de idear un mecanismo para disminuir la tensión, ya sea evitar hablarle, ser político “hipócrita”, hablar únicamente lo necesario, entre otros. Vas a tener diferencias, pero eso no puede llegar a ser un problema a bordo.

Me pregunto ¿hay amistad en los barcos?. Bueno, no siempre puedes confiar, no siempre habrá una amistad. Hay personas que son sinceras, puedes confiar en el aspecto laboral, pero eso no quiere decir que le tengan confianza en sus asuntos personales.

Por otro lado, trabajar con una persona que no va al mismo ritmo de trabajo de la tripulación, debe ser algo difícil, porque el trabajo es fuerte y debe haber poco espacio para atrasos. En este caso, los jefes deben poner en marcha todas sus cualidades de líderes e incentivar al personal, algo que siempre funciona es: Dar el ejemplo, si yo hago el mismo trabajo que tú, ¿Qué razón habría de que tú no lo hicieras?

Cuando navegan conocen lugares y observan el modo de vida de muchas personas, quedan fascinados con las bellezas y maravillas que les puede ofrecer los países desarrollados o en desarrollo y quedan petrificados, anonadados por la pobreza de algunos países y empiezan a valorar más lo que tienen en casa, a valorar el trabajo y los sacrificios.

Hay quienes dicen que hay 2 (dos) tipos de navegantes: Los turistas y los sociales (o en idioma de mi país parqueadores). Los turistas son aquellos que en su país le gusta conocer lugares y cuando se embarcan se enfocan en lo mismo y los parqueadores son los que en su país les gusta mucho las fiestas y cuando salen de embarque les gusta ir a los bares y a los lugares donde pueden encontrar mujeres. Existe otro tipo de marino, los que solamente salen por necesidad; comprar comida, crédito para realizar llamadas, sim card e ir a lugares donde se puedan comunicar con la familia.

Dentro de un mismo contrato pueden experimentar todas las fases: turistas, fiesteros, solitarios, sin embargo cuando el contrato se está acabando es momento para salir menos y así ahorrar. A través de los años de contrato van evolucionando y atravesando diversas etapas, dependiendo de la madurez, dándose cuenta que todo lo que ganan lo pierden y con los años van cambiando su mentalidad.

A través de los años también van adaptándose a todas las barreras; la comida, el idioma, la comunicación, el cambio de moneda, logrando día con día mantener su espíritu por esa carrera que escogieron, sin dejar de extrañar a sus seres queridos.

Las horas de sueño van a depender de la ruta y el tipo de barco en que se encuentran, en situaciones donde tienen que realizar en periodos cortos de tiempo, varias operaciones en puertos, las horas de sueño son menores debido a las maniobras.

Discriminación laboral, pues si existe, tanto para aplicar a una posición, como en el aspecto salarial. Se da el caso que pueden tener la misma posición, sin embargo, debido a la nacionalidad, tienen diferencias en el salario.

El compañero alcohol, depende de la tripulación, hay tripulaciones que toman mucho y otras que no. Cuando la tripulación toma mucho, el alcohol, por lo general siempre es causante de trifulcas, porque siempre saca a relucir las diferencias entre compañeros, provocando peleas y discusiones.

En el barco existen jerarquías, ya sea en las habitaciones y/o en el comedor. Todo depende de ¿Cuántas cubiertas tiene el barco?, ya que la acomodación de los contenedores es más alta, dando como resultado que se observa más la jerarquía.

La regulación internacional del Convenio ILO 92[10] estipula que un buque menor a 1.000 toneladas debe tener comedores separados para los oficiales y los marinos, porque a bordo si debe de haber una jerarquía y un conducto general que se debe respetar.

Lo que se busca es mantener la jerarquía de ambos grupos, estas personas administran la nave y estas mantienen la nave, pero por otra parte ¿Con quién te vas a sentir cómodo al sentarte a comer?, probablemente con el compañero de tu mismo rango.

Por otro lado, como se manejan los géneros dentro de las

[10] **Artículo 11:** Los buques que desplacen menos de 1.000 toneladas deberán tener comedores separados para: (a) el capitán y los oficiales. (b) el personal de maestranza y demás personal subalterno.

Los buques que desplacen 1.000 o más toneladas deberán tener comedores separados para: (a) el capitán y los oficiales; (b) el personal de maestranza y demás personal de cubierta; (c) el personal de maestranza y demás personal subalterno de máquinas.

empresas. Por alguna razón hay empresas que no aceptan contratar a mujeres como parte de su tripulación, provocando la disminución de las oportunidades para la mano de obra femenina que se incursionó a estudiar esta carrera. Probablemente una de las razones por la cual es una política de cierta empresas se debe a que puedan verse involucradas con algunos miembros de la tripulación o simplemente podría ser una cuestión de prejuicios.

Cuando existe la posibilidad que en la embarcación donde se encuentra tu pareja, esté involucrado con alguna compañera del sexo femenino, te invade la preocupación, saber que estará compartiendo con esa persona un gran porcentaje de su tiempo, pone tus sentidos en alerta. Estar en encierro, abstinencia, soledad, estrés y compartiendo con una tripulante del sexo femenino puede representar una gran tentación.

Sin embargo, es inevitable evadir que no estén rodeados de mujeres sobretodo en un barco de cruceros, es algo que no podemos controlar y que no se encuentra en nuestras manos, por lo que lo único que nos queda es confiar.

Lo mejor del mundo es enterarte que esa tripulante femenina es lesbiana, entonces reirás y sentirás adiós preocupaciones.

Capítulo 5

Peligros en el Mar

Los rusos dicen que no se debe silbar a bordo porque trae mala suerte, por otra parte, los chinos dicen que si se silba a bordo trae la muerte. Además de estas creencias, la televisión y el cine también pueden aumentar tu imaginación y pueden lograr volverte más paranoica. Siempre que escuchamos en la televisión o en las redes sociales que hay mal tiempo, una tormenta tropical o un huracán nos preocupamos mucho y le pedimos a Dios que se aparte de su camino. Siempre que vamos al cine y vemos películas en donde hay accidentes en el mar o catástrofes naturales, pensamos que eso también nos puede pasar a nosotras.

Estar en el mar con el barco dañado, varado, donde la

máquina no responde, saliendo de la cola de un huracán sintiendo que el barco se inclina hacia un lado y te parece una eternidad que regrese a su posición normal hace quebrarse hasta a los más fuertes y saben ¿Por qué?, porque nadie sobrevive a una vuelta campana, porque los barcos se hunden....!! El mal tiempo te obliga a poner toda tu fe en Dios y solo pides que ese mal tiempo pase rápido y puedan salir todos con bien.

Recibir el impacto de un auto a 142 kms/hora o 89 millas, es la misma velocidad en la que puede ser golpeado un barco por un huracán, por eso una tormenta tropical o un huracán los hace recapacitar y evaluar nuevamente si es lo que quieren para su vida, si el sacrificio de estar lejos de su familia vale la pena, si el dinero cobrado es proporcional a los sacrificios realizados. Claro está que todos no están hechos para la vida del mar, no a cualquiera le gusta el mar, ni cualquiera es “sealegs” lo que quiere decir que tiene piernas del mar y nacieron para la vida en el mar.

Las catástrofes naturales, las tormentas tropicales, tsunami, huracanes pueden lograr aumentar tu nivel de preocupación y que una familia se reúna y se ponga en oración, que hasta el ateo le pida a Dios proteger a ese marino.

Muchos de ellos en alguna ocasión han sentido que su vida depende de un hilo, que hasta han escrito un e-mail como si fuera una despedida. Imagínate recibir un correo en donde esas letras transmiten temor, pánico, en donde te agradecen todo lo buena y hermosa que fuiste con ellos, te piden que los recuerdes con los mejores momentos, piden perdón y te dicen cuanto te aman, al leer esas letras sientes como tu cuerpo se enfría, tan solo de imaginar lo que puede pasar sientes dolor, no logras conciliar el sueño y solo ruegas a Dios que sea solamente una pesadilla.

Cuando tu sexto sentido te dice que algo está pasando investigas en todos los buscadores de posicionamiento de barco para conocer si se encuentran en movimiento o cerca de un puerto, tratando de buscar toda la información posible que te brinde tranquilidad.

Términos como Rolear, el cual es el movimiento de balanceo del barco de babor a estribor[11], un movimiento realizado como si fuera una hamaca, pitching (cabeceo) el cual es el movimiento del barco de arriba hacia abajo, como si estuvieras saltando olas, yawing, el cual es el movimiento parecido a un trompo en donde el barco gira a todas las direcciones, te son familiares, pero poco agradables, porque significan que Poseidón el Dios del Mar se encuentra enojado y que es momento de que ellos agarren todos sus objetos personales porque pueden ser tirados al piso.

Puedo narrar la anécdota del cruce de un barco de Jamaica a Gibraltar, en donde el barco no se encontraba 100% apto para realizar el cruce de un océano a otro, los primeros días el clima estuvo muy tranquilo, después que la embarcación salió de la costa de Puerto Rico no vislumbras tierra en todo el

---

[11] **Babor y estribor** son, respectivamente, los lados izquierdo y derecho de una embarcación.

trayecto hasta el otro lado. Cuando el barco sale a mar abierto, la tripulación puede sentir rápidamente la diferencia entre navegar en aguas que están protegidas por las costas y cuando ya estás navegando en el mar, porque las olas son más intensas.

Un día antes que iniciara el mal tiempo, los vientos empezaron a incrementar y el barco empezó a rolear más, te preguntarás si cuando habrá mal tiempo, éste avisa. Bueno, por la experiencia los marinos saben que hay una regla que dice que si los milibares de presión atmosférica, disminuye 3 décimas enteras en 4 horas!, Agárrate que viene el mal tiempo!. La presión es algo que se anota en el libro cada 4 horas cuando se termina la guardia para ir monitoreando el clima, en este caso además como la empresa sabía que el viaje era peligroso enviaba un reporte del tiempo con 3 días por delante, sin embargo el suceso ocurrió un fin de semana, días en lo que la empresa no labora, por lo cual no pudieron recibir los reportes del tiempo.

En vista de que iban a tener mal tiempo, la tripulación inició a cerrar todo, los lashing[12] se amarraron, los hash cover (tapa de la bodega) se cerraron, y esto se debe a que cuando hay mal tiempo, las olas pasan encima de la cubierta y si entra agua por los ductos, se inunda una bodega, provocando que se pierda la estabilidad del barco.

El barco continuó navegando, al 6to, 7mo y 8vo día, las condiciones empeoraron, siendo los peores días antes de navidad. Era imposible dormir, comer, cocinar, simplemente iban

---

[12] **Lashing,** son todos los mecanismos, ya sean tiras, barras, cadenas, etc., que se utilizan para asegurar la carga a bordo.

a la cocina a comer enlatados, pan, prácticamente lo primero que encontraban, pero cuando el tiempo iba empeorando solamente se podía comer pan y agua.

Llegado el mal tiempo, la tripulación contaba las horas para que su guardia terminara, porque eran las 4 horas de guardia en la que estaban a cargo de la vida de toda la tripulación, aunque es habitual que la vida de la tripulación depende del oficial encargado en la guardia, en ese momento era más probable que ocurriera una tragedia por las condiciones del tiempo. Para añadirle un poco más de estrés a la situación, el barco se encontraba sin carga, al barco encontrarse sin carga, completamente vacío, las olas afectaba mucho más la estabilidad del barco, ya que se encuentra mucho más ligero.

El mar jugaba con su mente, haciéndolos poner en práctica todo lo aprendido, obligaba a los marinos a quitar el autopilot, porque dentro de lo que han aprendido, manejar en un tiempo horrible con autopilot es un riesgo, porque si tratas de corregir el rumbo a cada rato, lo que pueden provocar es que el barco comience a moverse y rolear, ya que el mal tiempo siempre va a provocar que el rumbo cambie.

El día siguiente era peor que el anterior, el mar los hizo sentir miles de sensaciones, algunos días sentían que se encontraban en una licuadora y en otros días navegando en zigzag. Las olas eran gigantes, el barco se sentía como un juguete, en donde lo movía a su antojo, inclinándolo hacia un lado, casi hasta llevarlo a su límite, provocando que se agarraran fuerte y suplicando por favor que regresará suave y despacio, sin embargo no era así, el golpe era tan fuerte como cuando un columpio regresa a su posición después de soltarlo, una y otra vez, haciendo que les suplicaran a Dios “Por favor Dios mío que el barco se hunda”, solamente para acabar con ese sufrimiento e intranquilidad.

Fueron los peores 3 días de aquella tripulación, en donde si acaso comían 1 vez al día, en donde dormir era imposible y mucho menos en una cama, por lo cual dormían debajo de un escritorio, con los pies y su cabeza apretados contra un objeto fijo para disminuir el movimiento, en donde todas las cosas caían al piso, rodando de un lado hacia otro, con una maleta preparada con comida, chaleco salvavidas y agua, siempre preparados para lo peor.

Después de varios días, no dormían tranquilos, pensando todo el tiempo si el barco se podía hundir, queriendo quedarse todas las horas posibles en el puente, para estar listo por si pasaba una tragedia y poder hacer algo para salvar sus vidas. Era una alegría ver un barco, porque en caso tal si pasaba algo había alguien que podía socorrerlos, además los alegraba que hubiera alguien más que lo acompañaba en la horrible situación.

Gracias a Dios en esta travesía no hubo ningún herido, pero en otra ocasión una tripulación iba navegando de Jamaica a Curazao, después de tener un día de navegación, el clima empezó a empeorar, provocando que el barco iniciará a hacer pitching (movimiento de arriba hacia abajo), siendo necesario asegurar el ancla y los cabos[13] para que no se perdieran. Cuando la tripulación fue a colocar los cabos en el pañol de proa[14], se pudieron percatar que se encontraba lleno de agua, siendo necesario solucionarlo rápidamente porque esa agua puede afectar la estabilidad del barco, inundando la proa[15]. Inmediatamente el departamento tanto de máquina como de cubierta se dirigió a la proa, sin embargo cuando hay mal tiempo se debe comunicar al Oficial de Guardia que se va a salir de la acomodación a la proa, pero en está ocasión la tripulación no hizo el respectivo comunicado.

Iniciaron a sacar el agua con la bomba, siendo interrumpidos por el sonido del ancla golpeando el casco, dando como resultado que fuera necesario ir a apretar el ancla, ya que el constante movimiento del ancla en el casco puede provocar que las uñas del ancla hagan un orificio en el casco, pudiendo meterse el agua en el barco. El personal se dirige a apretar el ancla, prendiendo el winche, sin embargo no se percataron que venía una gran ola, estrellándolos y estando a unos pocos metros de ser arrojados al agua. Se empezaron a oír gritos y gritos de dolor, siendo socorridos por los otros compañeros, y trasladados a la sección de enfermería del barco, ésta ola provocó a un tripulante un brazo quebrado y a otro fisuras en las costillas. Fueron dos días de dolor interminable, en donde los únicos medicamentos proporcionados

---

[13] **Cabos**, cuerdas

[14] **Pañol de proa**, cualquiera de los compartimentos o divisiones que se hacen a en los barcos para almacenar.

[15] **La proa** es el sector delantero de una embarcación. Se trata del canto que, a medida que el barco avanza, se encarga de cortar las aguas y de facilitar el desplazamiento.

fueron antibióticos y anestesia. El tripulante que tenía fractura en el brazo gritaba y lloraba constantemente de dolor, era un dolor incontrolable y el otro tripulante tenía problemas para respirar, ya que le dolían las costillas.

Llegado al puerto más cercanos, fueron trasladados por un remolcador de la Cruz Roja a un centro de salud cercano, sin embargo por temas de cultura uno de los afectados cuya nacionalidad es turca, se negó a ser enyesado o entablillado en el Centro de Salud, realizando el viaje con el brazo quebrado hasta su país de origen.

Accidentes siempre habrán en un barco, ya sea por mal tiempo o en circunstancias normales. En otra ocasión se estaba bajando el bote de rescate, sin embargo éste se movía mucho y realizó un movimiento inesperado, golpeando el dedo del marino contra la superficie del bote y como resultado una "gran abertura", el episodio fue una réplica de una película sangrienta, el dedo emanaba mucha sangre, al llegar al Centro de Salud del país, los doctores recomendaban amputar el dedo, sin embargo el marino se rehusó, conservando su dedo pero trajo como secuelas poca movilidad del dedo y dificultad para cerrarlos, pero por lo menos no perdió el dedo.

Pocos días después otro marino estaba apretando los lashing de los contenedores con una varilla, colocando la varilla en el centro del tensor y dándole vueltas para apretarlos, inesperadamente cuando hala el tensor, la varilla se sale y se golpea con la varilla en la pierna, provocando una cortada, el marino continúo trabajando con la cortada abierta, infectándose y abriéndose un orificio, más que un orificio un hueco, como si tuviera a un insecto comiéndose la piel, en el Centro de Salud le drenaron la pus, vendaron y como tratamiento limpieza todo los días. Era tan pero tan grande el orificio que al momento de ser limpiados se sacaban vendas que parecían infinitas, era como sacar pañuelos de la boca de un payaso, ese contrato trajo como resultado, un desfile de heridos, cortadas, inyecciones, gritos, dolor y llanto.

Puede haber momentos difíciles en una tripulación, pero en aquel barco hubo un momento en especial, de California a Japón durante la navegación hubo un mal cálculo y una mala circunstancia; ocurrió ese momento donde todo lo malo se alinea y hace efecto; ya era muy tarde cambiar de rumbo y la embarcación se dirigía a una tormenta, se cayeron muchos contenedores, perdieron máquina, un marino golpeado y la tripulación no sabía si había muerto, el Capitán sonó la alarma general, dio la orden que todos estuvieran listos para abandonar el barco, se pusieron los trajes de inmersión, cada quien con un cartucho y los pasaporte dentro, y el capitán dijo: si alguien cree en Dios empiecen a rezar, todos en ese momento iniciaron a rezar. Todos eran de una religión diferente, un budista acababa de decirle a un cristiano, a un evangélico, ortodoxo, musulmán, islamista que empiece a rezar y todos entendieron una misma cosa, en ese momento ese marino ateo entendió que la religión era simplemente caminos que la humanidad de diferentes razas ha creado para llegar a algo que no conocen, pero se sienten tranquilos que los va a ayudar y esa tranquilidad, paz, amor que les da, los hace vivir bien, en un bien común.

Los incendios son otro concierto de pánico y dolor. Saliendo de Egipto, había un retraso, durante todo ese tiempo se esperó a la tripulación que se encontraba retrasada con las máquinas encendidas, a diferencia de los carros, si el barco está mucho tiempo quieto, las máquinas del barco empieza a provocar hollín (carbón), que como no se está navegando no puede ser expulsado a la misma velocidad. En la madrugada reciben una llamada fire on board, sin saber ¿Quién había llamado y dónde era?. En un crucero de pasajero lo que menos quieres hacer es activar la alarma general, ya que no quieres preocupar a miles de pasajeros y la empresa en tierra recibe un mensaje del código bravo. Al final solamente fue un conato de incendio, sin embargo la adrenalina es muy grande, tu corazón palpita más acelerado que lo normal y las decisiones deben ser tomadas rápidamente, en el momento nadie sabe cómo va a reaccionar, cuando hay una emergencia cada uno tiene una responsabilidad o posición que atender, no hay improvisaciones; pero en ocasiones no sé sabe qué hacer y no todo sale como el procedimiento, a pesar que en los barcos de contenedores se hacen zafarranchos una vez al mes y en barcos de pasajeros una vez a la semana, sin embargo nada de eso asegura que todos hayan entendido y sepan cómo reaccionar al momento de una posible emergencia.

¿Cuál es la diferencia entre ladrones y piratas?, la diferencia radica en que los ladrones realizan sus hazañas en aguas territoriales/nacionales de un país y los piratas son ladrones de aguas abiertas. En países muy pobres en donde la mayoría de la población se dedica a la pesca o utilizan la pesca como disfraz para robar, puedes apreciar a muchas lanchas pesqueras, armadas de escaleras y machetes, acechando a embarcaciones grandes para subirse y robar lo que encuentren a su paso, no siempre pueden lograr su cometido, porque las empresas se preparan contratando guardias que cuidan a la embarcaciones de robos, sin embargo en una ocasión los ladrones corrieron con buena suerte, logrando realizar un robo.

Uno de los tesoros más preciados por los ladrones son los cabos, y sabes ¿Por qué?, porque son deshilados y utilizados para hacer redes de pescar o vendidos en el mercado. Una noche en espera de entrar al puerto, el marino realizaba su recorrido y escucha unos ruidos, al acercarse a la proa, se encuentra con dos extraños a bordo, que estaban robando los cabos, los enfoca con la luz, los ladrones se lanzan sobre el marino con machete en mano, forcejeando para finalmente agarrarlo y amarrarlo. Los ladrones se llevaron los cabos y dejaron al marino amarrado y con la boca tapada, después que se retiraron, el marino hizo mil intentos para zafarse de las amarras para por fin lograrlo y dar aviso al puente que habían robado los cabos.

Otro peligro en el mar son los Polizontes, y te preguntarás ¿Qué es un Polizonte?, un polizonte no es más que la persona que viaja clandestinamente y sin pagar pasaje en un vehículo, especialmente en un barco. Pudiendo representar un peligro en el barco, sobre todo si se encuentran armados.

Muchas personas por necesidad y buscar un mejor futuro realizan hasta lo inesperado para poder ampliar sus horizontes y lograr sus objetivos. Imagino cómo se deben sentir, atrapadas en sus vidas, sin encontrar una solución a sus problemas que deciden ingresar a un barco para cruzar fronteras. He conocido el caso de dos polizontes que ingresaron en Haití, encontrados en Jamaica, pero su destino final eran los EEUU. De alguna u otra forma desconocida ingresaron al barco y se ocultaron, realizando recorrido por un periodo de 3 días, en donde su único alimento eran galletas. Al percatarse que el barco no se encontraba en movimiento, uno de ellos decidió verificar ¿Cuál era su posición?, pero por mala suerte fue encontrado por el marino que se encontraba de guardia; la tripulación se asustó de lo que pudiera pasar, porque antes de salir de cada puerto se debe realizar una verificación exhaustiva. Pero todo no termina ahí, había otro polizonte escondido, al empezar a preocuparse porque su amigo se tardaba y no regresaba, salió a verificar ¿Qué estaba ocurriendo?, siendo la sorpresa para toda la tripulación, de qué tenían a otro acompañante no esperado. Es una situación en la vida donde sientes el dolor del prójimo, a pesar de que habían realizado algo indebido, la tripulación sentía empatía por la causa que los obligó a realizar esa hazaña, buscar un mejor futuro para su familia. Al final los polizontes fueron deportados a su país de origen: República Dominicana y Haití.

Todas estas vicisitudes definitivamente son las que siempre queremos sean evitadas.

Todos estos peligros en el mar sin duda alguna nos hacen recapacitar y comprender que hay que respetar mucho al mar, respetar sus costumbres y creencias, ser decidido y saber tomar decisiones porque una mala decisión puede costar la vida de muchas personas y provocar la pérdida de la carga.

Capítulo 6

Tú, un tripulante más

Navegar con ellos es una experiencia que muy pocas personas tienen en la vida, es una aventura que si se tiene la oportunidad de realizarlo, todas deberíamos vivirlo y sobre toda las cosas es algo que llevarás como uno de tus recuerdos más anhelados; y será una gran hazaña que contar a futuras generaciones.

No es lo mismo acompañar a tu marino en un barco de carga que un barco de crucero, ya que la diferencia de las comodidades es enorme entre uno y otro.

Hay algunas empresas en donde solamente pueden navegar o subir a una embarcación las esposas, debidamente identificadas con su certificado de matrimonio, adicional debes de contar con pasaporte vigente, un seguro de salud que te cubra por el periodo de estadía, pagar el pasaje aéreo y una proporción del consumo de tus alimentos será descontados del salario del navegante, pero estos requisitos pueden variar de una empresa a otra.

La primera señal que te indicará que te encuentras embarcada o en un barco son los movimientos del barco que te provocan mareos; pero ellos como están acostumbrados ni siquiera lo sentirán, es más se reirán de ti, por lo cual la recomendación que te puedo brindar es que te encuentres en movimiento, ya que se tiene la percepción que disminuye la sensación de malestar.

Todos los tripulantes de la embarcación estarán pendientes de quién es el invitado y si no hablas otros idiomas ésta será una de las primeras barreras que puedes encontrar.

Roguemos que la embarcación tenga un buen cocinero para no pasar dificultades con la comida; sin embargo si te encuentras en un barco de crucero tendrás un banquete de alimentos a tu disposición.

Los lugares que conocerás serán proporcionales a los puertos que realicen, el tiempo que permanezcan en cada uno y el tiempo que tú te encuentres en el barco.

Adicional pudieras pasar una estadía aburrida si el barco no cuenta con actividades de esparcimiento, por lo que estarás deambulando por la embarcación o haciéndote amigo del cocinero.

Mucho cuidado con tu seguridad, quedarás asombrada

porque por primera vez ya no conocerás el barco por medio de unas fotografías, sino que será en vivo y a todo color.

En tu cabeza retumbará el sonido de la carga y descarga de los contenedores; tum tum tum tum, y muchas veces te preguntarás ¿Cómo ellos pueden dormir con ese sonido?, quizás para ellos es su canción de cuna; los horarios variables y constantes movimientos del barco harán cambiar el rumbo de tus horas acostumbradas.

Estarás en forma del sinnúmero de escaleras que tendrás que subir y bajar y en algunas ocasiones te perderás porque para ti toda la estructura del barco será la misma, adicional te podrás sentir incómoda porque mientras ellos estarán ocupados en algunas de sus labores y/o emergencias, tú no sabrás ¿Qué hacer?, en ¿Qué lugar estar?, ¿Qué decir o sentir?, o ¿Cómo comportarte? No cabe duda que tu estadía en la embarcación puede ser mucho más agradable dependiendo de la relación que se tenga con la tripulación.

Podrás sorprenderte de la estructura del barco, sus acomodaciones, pueden tener sofá, mesa de centro, escritorio, nevera, closet, televisión, haciendo de su estadía más placentera; pero todo lo que tengan dependerá de la proporción del barco.

Podrás observar lo duro que trabaja tu pareja, las vistas maravillosas que te puede ofrecer la naturaleza, lo imponente del mar, todos esos términos náuticos que escuchabas ya no solamente los escuchas, sino que también lo puedes relacionar en tu mente con lo que representa, sentirás orgullo al percatarte de la importancia del trabajo que realiza y podrás ponerte por primera vez en sus zapatos.

Estarás un poco más cerca de todo lo que representa para ese marino su trabajo y su vida en el mar, esta experiencia te ayudará a valorar más a tu esposo o te traerá más duda, ya que podrás evidenciar el comportamiento de él y de sus compañeros de trabajo y cómo invierten su tiempo libre en los momentos que se encuentran en puerto.

Capítulo 7

Su Llegada

El reencuentro: es el momento más esperado por cada una de nosotras. Aproximándose el tiempo de terminar el contrato, los días te parecen eternos y le preguntas infinidades de veces si ya tiene fecha de desembarque y si le han enviado los pasajes de avión.

Para ellos los días cercanos para terminar su contrato, se encuentran a la expectativa del mensaje de la empresa, es como si estuvieran en otro planeta, su mente se encuentra en otro lugar, comen y trabajan en automático, no tienen la misma pasión, fuerzas, alegría ni ánimo para trabajar, el humor no es el mismo, les molesta todo lo que le manden a hacer, no importa la edad, pueden llegar hasta llorar y sienten tanta tristeza, dolor e impotencia porque otro tripulante que tiene el mismo tiempo que él va para su casa y él no, se queda pensando ¿Cuándo será su oportunidad?.

Por tu parte, desde meses atrás has estado repasando en tu mente posibles sorpresas que le puedes brindar para recibirlo, desde una cena romántica, globos, decorar la habitación, pancartas, regalos, una noche en un hotel, el vestuario, peinado, su comida favorita, preparas mentalmente toda la logística desde recogerlo en el aeropuerto, terminal de transporte, en el puerto hasta la llegada a su destino, inician a hacer planes para los viajes, turismo, celebración de cumpleaños, entre otras actividades, una infinidad de detalles.

Y ha llegado la noticia que has estado persiguiendo o marcando por meses en tu calendario o para las más tecnológicas en tu celular. Por fin la compañía anunció que era hora de partir. Por fin la compañía mandó los boletos de avión y no importa cuántas horas de vuelo o escala tienen que hacer, eso solamente significa que deben correr más rápido, porque nunca estará dentro de sus opciones realizar cambio de vuelo. Desde ese momento prácticamente se sienten que no están en el barco, se olvidan de los problemas del barco, no quieren dormir porque están enfocados en realizar maleta, preocupados en tener todo el espacio suficiente en su equipaje. Cuando terminan su contrato se desconectan totalmente e inician a programar su mente en **“modo vacaciones, full vacaciones”**.

Y en otro lugar, estás tú pensando que pronto estará en casa, te sientes como una niña que ha estado esperando por mucho tiempo un regalo prometido, sientes cosquilleos en el estómago, te preparas como si fueras a tu primera cita, duermes menos, empiezas a jalar el tiempo y puedes sentir como se asoma una sonrisa en tu cara al preparar todos los detalles. Todos se sienten ansiosos en el hogar con su llegada, los hijos parecen que viven conectados a su padre, pocos días antes de su llegada son inquietos y presienten que una sorpresa está por llegar.

No hay duda alguna, el mejor sentimiento es saber que regresan a casa. **"El mejor día del embarque, es el día que se van".** No hay marino que no sienta felicidad al ir a casa, a pesar de que se están bajando por problemas familiares o enfermedad, es todo un alivio.

Indudablemente la reacción que sufriremos, puede ir relacionada al tiempo en que haya durado la separación. No es el mismo sentimiento de extrañar a una persona que trabaja 21 días, 42 días a aquella persona que tiene meses hasta años esperando por ese anhelado regreso. Tampoco es el mismo deseo cuando has tenido regresos fallidos, en donde tenían planeado una fecha de desembarque, sin embargo por extensión del contrato, ya sea por falta de relevo, el regreso se ha vuelto más y más esperado.

Y ha llegado el día tan esperado, quizás no hayas podido ni dormir de la ansiedad, estás tan nerviosa como si fuera la primera vez, no sabes ni cómo reaccionar, probablemente ni sientas hambre y vuelves a revivir todos los sentimientos de una niña adolescente, te preparas, cocinas su comida preferida, te pones el traje que te queda hermoso, te arreglas el cabello, todo para el reencuentro.

Las horas de vuelo se hacen interminables, unas más largas que otras, el sufrimiento se intensifica cuando aunque no se encuentra en el barco le toma días llegar a casa, sigues volviéndote un ocho, ya no sientes mariposas sino que sientes pterodáctilos, quieres reír, quieres llorar, quieres brincar, quieres tomar un té de tilo, y es que no puedes contener la emoción que embarga tu cuerpo.

Te lo imaginas en otra parte del mundo, impaciente, esperando las autoridades, al agente, las firmas, la llegada del reemplazo. Hay algunos que el día que se bajan, llegando al puerto se alistan para salir del barco, aunque no le hayan dicho a ¿Qué hora se van a bajar?, si sería el mismo día o el día siguiente. Suplicando a sus jefes que quieren abandonar el barco, porque por nada del mundo nadie los hace regresar...

Faltando pocas horas, te dispones en ir al reencuentro, y mientras manejas no te contienes en tu cuerpo, no puedes creer que después de tanto tiempo ya llegará, esa espera para su salida te provoca mucha ansiedad, quieres que ya salga por esa puerta y las emociones continúan cuando lo ves asomarse, no paras de reír que hasta te duelen los cachetes, tan solo sentir el roce de su piel te electriza, ese abrazo, ese beso que recordamos por mucho tiempo, puedes sentir que te encuentras en un cuento de hada, donde tu príncipe ha llegado a rescatarte. En el camino a su siguiente destino, pueden ir agarrados de la mano, susurrando lo mucho que lo has extrañado, cuanto lo amamos y llenándolo de besos. Saber que alguien los está esperando es la fuerza que siempre los ayuda a continuar y les mantiene las esperanzas vivas.

Lamentablemente en algunas ocasiones no podemos presenciar su llegada, porque también tenemos responsabilidades que atender, pero eso no evita que sientas los mismos sentimientos y que al llegar al hogar hayas preparado una sorpresa que le dé la bienvenida.

Algunas veces quieren sorprender a su pareja, simplemente apareciendo en su hogar, utilizando cómplices para ser recogidos en el aeropuerto, guardando el mayor secreto de sus vidas: su día de llegada. Sin embargo, hay muchos que no les gustan las llegadas a su hogar de sorpresa, porque después quedan sorprendidos. He escuchado de casos en donde llegan de sorpresa a sus hogares y se llevan la gran sorpresa que su pareja le es infiel. Pienso que no hay mal que por bien no venga y viéndole el lado positivo es mejor saber la verdad que vivir toda la vida engañado.

Después de haber vivido ese momento mágico, inmediatamente al dejar el punto de reencuentro, sienten rápidamente que se detuvieron en el tiempo. Existe un gran choque de llegar a su país: las infraestructuras han cambiado, las calles ya no son las mismas, los aspectos de sus familiares son diferentes, falta algún miembro de la familia o hay algún familiar adicional y no podemos olvidar que su número de amistades disminuye cada vez más, reduciéndose todo en términos sociales.

Estar tanto tiempo fuera del país y enfrentando tantas cosas hace que el carácter de ambos cambie, su personalidad, su forma de entender la vida, cambia, dando como resultado que cuando regresa a donde su pareja ya no soporta las mismas cosas que antes sí, todo va cambiando y va afectando a la relación.

Puede ocurrir que en los pocos días de haber llegado todo es amor, todo es felicidad, como si estuvieran de luna de miel, pero después de un tiempo, te sientes extraña, puedes haberte acostumbrado a su ausencia y cuando empiezas a pelear muy seguido hasta puede pasar por tu pensamiento que desearías que regresara a trabajar, quizás nos acostumbramos a la soledad, al silencio y a tomar todas las decisiones, y cuando cambia nuestra rutina y sentimos mucha presión sueles pensar esas cosas descabelladas.

Recuerdo haber escuchado de parejas de navegantes que no entendían por qué el novio/esposo prefería estar de parranda o de fiesta con familiares y amigos antes de estar compartiendo con ellas y sus hijos en familia, quizás ellos al igual que nosotras se sienten extraños en sus casas y prefieren otras compañías para no sentir la presión del hogar.

En mi caso, cuando se encuentra en casa realizamos tantas actividades que es como si estuviéramos corriendo en contra del reloj; realizamos turismo interno o externo, asistimos a todas las actividades sociales de amigos y familiares, las salidas frecuentes al cine, a los festivales, actividades culturales, playas, viajes, conciertos tantas cosas que todo lo que era familiar cambia. Tu rutina, sensaciones, horarios, actividades, agendas acostumbradas dan un giro de 360° y ya nada te es familiar. Tu vida de tranquilidad cambia y se vuelve una vida de constante movimiento.

No solamente se debe aprender a lidiar con las múltiples actividades que se desean realizar en el tiempo de su descanso, sino también se tiene un choque en la convivencia en el hogar, se espera más apoyo de ese recién llegado en las actividades diarias del hogar, quisiéramos que compensen el tiempo de su ausencia, ejerciendo más responsabilidad en el apoyo con las tareas. Aquellas tareas que solíamos hacer en su ausencia, asumimos que en vista de su llegada deben ser realizadas por ellos. Una de las actividades que no me gustan realizar en su ausencia es sacar del vehículo los enseres del supermercado. En una ocasión cuando volvíamos del supermercado ingresé al hogar y mi esposo me dice: ¿No me vas a ayudar? Y yo solamente le respondí: ¿Por qué?, si yo lo cargo todo cuando estoy sola.

En muchas ocasiones he intentado hacer en mi mente un cálculo de la proporción de las actividades que son realizadas por mí, cuando estoy sola y las actividades con las que aporta él cuando está en casa; sin embargo no he podido saber quien colabora más, si yo en su ausencia, o él cuando está en casa.

He pensado que a excepción de su trabajo, a bordo pueden tener una vida un poco más cómoda o mejor dicho con más apoyo, ya que tienen quien les cocine, les laven los platos y le sirvan en las cosas que pidan, en cambio nosotras somos responsables del 100% de las actividades del hogar además de trabajar.

Las cosas pueden complicarse un poco si tu marino tiene un cargo en donde tiene personal a su mando, cuando llega a casa supongo que suelen pensar que su esposa e hijos son parte de la tripulación que se encuentra bajo su cargo. A bordo es quien manda, los demás deben de seguir sus órdenes. Sin embargo en casa las cosas pueden cambiar. Recuerdo en una ocasión creo que mi esposo pensaba que se encontraba en su barco, dando órdenes, y me decía debes hacer esto, esto, esto y lo otro, yo solamente le respondí: Sí mi Capitán. En otra ocasión, presentaba el mismo comportamiento, y mi respuesta fue: Disculpa, no me hables así, no soy uno de tus tripulantes, no te encuentras en el barco dando órdenes y diciendo que se debe hacer.

Quiero dejar en claro que soy del tipo de persona que piensa que ambos debemos de cooperar en el hogar, no soy partidaria de la cultura en donde la mujer por tradición sea responsable de todas las tareas cotidianas del hogar y más cuando la mujer trabaja y también es el sustento de la familia. Adicional también necesitamos ser atendidas, así como a ellos también les agrada que los atiendan.

Para ellos debe de ser muy difícil el regreso a casa, adaptarse a las actividades, a no ser el cabecilla de una tripulación, donde todo el mundo debe seguir sus órdenes, requieren de cierta meditación, preparación y paciencia. Adaptarse a los horarios puede ser otro choque, permanecen en guardia en un horario asignado, dependiendo de su posición los cuales pueden ser:

- Primer Oficial: 4:00 am a 08:00 am / 4:00 pm a 8:00 pm
- Segundo Oficial: 12:00 medianoche a 4:00 am / 12:00 mediodía a 4:00 pm
- Tercer Oficial 08:00 am -12:00 mediodía / 8:00 pm a 12:00 medianoche.
- El caso de los oficiales de máquina, cuando es máquina desatendida la guardia es con un ingeniero de guardia por día.
- Cuando la máquina está atendida, debe haber un ingeniero de guardia cada cuatro horas, teniendo asignados los mismos horarios establecidos en cubierta.
- Los que no son oficiales, la guardia es asignada por el

Primero Oficial y/o el Capitán, en el caso de cubierta y el Jefe de Máquina en el caso de la sección de máquinas.

- El cocinero organiza su tiempo, teniendo siempre en cuenta que debe de preparar los alimentos y que deben estar servidos de manera puntual.

Esto traerá como consecuencia que en los primeros días les costará conciliar el sueño, puede que duerman más de lo normal y que sus horarios no sean iguales a los tuyos; en su trabajo el desayuno es de 07:00 a 08:00 am, se almuerza de 12:00 md a 1:00 pm y se cena de 6:30 pm a 7:30 pm, en algunas ocasiones varía por el Capitán, en el caso de nuestra casa no tenemos horarios establecidos para la comida, por lo cual pueden ocurrir dos cosas: que pase hambre o que gaste dinero comiendo fuera de casa, a menos que le guste cocinar y se prepare algo.

Algo que también dificulta la convivencia en su estadía es no poder compartir el 100% de tu tiempo con él, porque debes cumplir con tus responsabilidades laborales, se hace muy difícil levantarse todas las mañanas para ir a trabajar y ese tiempo extra que ejerces en el trabajo pasa al olvido, porque apenas el reloj marca la salida quieres llegar volando a tu casa para poder verlo, –Tienes una razón todas las tardes para llegar a casa porque sabes que alguien te está esperando–.

Anhelas que en su estadía existan días libres en el calendario ya sea semana santa, carnavales o algún día de fiesta nacional.

Anhelas enfermarte para quedarte en casa compartiendo con él. Si eres una persona que no falta a su trabajo, probablemente faltaras uno que otro día y tendrás una que otras tardanzas en ese periodo. La situación puede ser un poco más llevadera si en tu lugar de trabajo saben la relación que tienes, porque probablemente puedan comprender una ausencia al trabajo para irlo a recibir o despedir al aeropuerto. Si a tu pareja no le molesta levantarse temprano hará el sacrificio para compartir un tiempo contigo en las mañanas y llevarte al trabajo o si tienen planes después de la salida, buscándote al trabajo al finalizar la jornada laboral.

Como lo he mencionado anteriormente realizas tantas actividades durante el tiempo de su estadía que gracias a tu trabajo no tienes la misma energía que él, te sientes tan agotada que en ocasiones ni siquiera te provoca hablar, trayendo como consecuencia que no puedan compartir todo el tiempo juntos.

Para poder entender un poco la diferencia de situaciones laborales hagamos la siguiente proporción laboral:

- Él: Trabaja sin parar cuatro, cinco, seis meses, quizás un poco más, quizás un poco menos; dependiendo del contrato, está en casa igual proporción de tiempo de embarque o un poco menos; sin embargo, tiene todo ese tiempo para él, para descansar y hacer otras actividades, únicamente para dedicarse a eso y nada más.
- Tú: Trabajas más o menos ocho horas diarias, utilizas

aproximadamente tres horas de transporte, el tiempo restante es para atender las tareas de la casa y los hijos, tienes de quince días a un mes de vacaciones, para dedicarte a descansar y un sinnúmero de cosas.

Por esta proporción tu nivel de energía es menor a la de él, pudiendo afectar que no puedas ir a su mismo ritmo e inconformidad en la relación. Quizás él también ha trabajado la misma proporción de tiempo que tú, la única diferencia es que tus descansos son por etapas y los de él por tiempo prolongado.

Aunque conviven solamente por algún tiempo te acostumbras a su compañía y a su apoyo. Al igual que nosotras, ellos realizan diferentes actividades en su llegada, por ejemplo mi esposo siempre que viene hay algo diferente que quiere hacer; ya ha pasado por las etapas de ebanista, confeccionando muebles de pallets y muy recientemente jardinero. También participa de otras actividades extracurriculares para ejercitarse, es cierto que lo quisiéramos tener todo el tiempo del mundo con nosotras, pero también debemos estar conscientes que en su lugar de trabajo se encuentran aislados, por lo cual al volver a casa quisieran llevar una vida normal en donde tienen su espacio para desarrollarse individualmente.

Sin duda alguna, a pesar de las dificultades que se puedan tener en cuanto a la convivencia, siempre extrañarás esos pequeños detalles y su compañía, así sea en las cosas más simples, como ir al supermercado, caminar agarrados de la mano, dormir acompañadas, comer en compañía y está de más decirlo, el contacto físico.

Capítulo 8

Los declaro Marido y Mujer

Soy de las personas que piensan que el anillo solamente refuerza el compromiso entre ambas personas. Hay muchas personas que no se han casado, pero están comprometidas una con la otra. El acta de matrimonio es la confirmación ante la sociedad y ante el mundo del amor que se tienen como pareja, quizás para la pareja de un marino mercante, el matrimonio representa un aspecto supremamente importante por la distancia, ya que es la pieza que nos asegurará o nos transmitirá confianza en la relación. Tanto así, que muchas no dejarán su hogar, hasta tener una promesa de matrimonio.

Me considero una persona tradicional, pero no en todo se puede ser totalmente blanco o totalmente negro. Convivimos casi dos años antes de casarnos, no fue algo que planeamos simplemente se fue dando en la relación. Para ese tiempo, yo alquilaba un apartamento en donde vivía sola, en su tiempo de embarque prácticamente vivía en la casa de su madre, hubo un mes en donde pagué el mes completo de arriendo y solamente dormí un día en ese lugar, adicional trabajaba a dos horas de la casa de su madre, por lo cual teníamos que hacer el trayecto todas las mañanas para poder ir a trabajar; eso y muchos otros factores nos hicieron tomar la decisión de vivir juntos después de su próximo regreso.

Como toda relación, la convivencia por primera vez es otra cosa totalmente diferente, tienen que aprender a convivir con su carácter, hábitos, costumbres, desorden, entre otras cosas, en algunas ocasiones estuvimos entre esa delgada línea de la separación o el compromiso.

Recuerdo mi pedida de mano, fue realizada en un amanecer de una isla muy bonita de mi país localizada en el "Archipiélago de San Blas". Camino a la ciudad recibimos esa llamada que nunca quieres escuchar, su partida era al día siguiente. La solicitud de mano a mi padre fue realizada desde el asiento del avión, no hubo oportunidad de celebrar, de contarle a los familiares, de realizar la tradicional fiesta de pedida de mano – Como ya saben vivimos fuera de lo común, siempre en contra del reloj –.

En otras relaciones todo puede ser un poco más planificado, ellos por su parte harán todos los cálculos para dejar todo listo antes de su partida desde la pedida de mano a los padres, la fiesta de compromiso, etc. Al momento de su despedida a las futuras esposas solamente les queda preparar, organizar y decidir en todo lo relacionado a la boda ya sea por lo civil o por la iglesia y generalmente paso por nuestro pensamiento que debe de contar con una temática náutica, ya sea el simbólico color azul, el ancla, el timón, los caracoles, estrellas de mar, casarse en la playa, un sinfín de detalles donde quieres incluir lo que caracteriza o representa la vida del mar.

Lo más difícil como siempre son esos números llamados "fechas". Definir la fecha de la boda depende primeramente de ¿Cuándo pueda estar el novio presente en la ceremonia?, y en segundo lugar de la disponibilidad de la iglesia y del lugar, debido a este factor, el día de tu boda puede ser el día de la semana que menos piensas.

Después de casados es muy duro, porque realizan el juramento de estar contigo compartiendo toda la vida, en las buenas y en las malas, pero por su trabajo no pueden cumplir esa promesa, por el simple hecho que no estará, porque tienen que salir a buscar el sustento para tener una vida mejor. Si tenemos en mente nuestro credo, religión, principios, valores y entendemos que es un sacrificio a largo plazo para tener un mejor porvenir, al final sopesamos todas esas noches que hemos pasado sola, y comprendemos que es por el bien y futuro de ambos y de nuestra herencia.

Al contraer matrimonio también prometen serte fiel en la salud y en la enfermedad todos los días de su vida, pero pasarás muchas enfermedades sola, posiblemente no tengas quien te cuide, quien te brinde medicamentos, quien te brinde abrigo, quien te lleve al doctor. Hace algunos años tuve una operación de un quiste en el ovario, tuve que pasar internada tres días en el hospital, recuerdo que camino a la sala de operaciones me encontraba muy nerviosa y lloraba, porque era un momento que debía atravesar sin la compañía de esa persona que es tu mayor pilar. Los días después de la operación fueron mucho más difíciles, estar en cama y tener una enfermera poniéndote medicamentos cada segundo en las venas no es nada agradable. En mi recuperación por suerte mi esposo se aseguró de dejar todo preparado para que un familiar me cuidara por el mes que tuve de incapacidad, ya que no podía hacer ningún movimiento, ni estar en calor por la herida. En esos momentos en donde pasas situaciones difíciles es donde más anhelas y necesitas el apoyo de esa persona.

Lamentablemente una pedida de mano, puede no representar un compromiso para algunos, nada en esta vida está garantizado, ni siquiera un anillo en tu dedo. Existen muchos factores que hacen que el ciclo se rompa, que el compromiso nunca llegue a su final como temor al matrimonio por parte de los hombres, arrepentimiento por parte de la mujer, imaginando cómo sería su vida con un matrimonio con un navegante o temor por dejar una vida de libertades.

Después de casados, al comprar su hogar, podrás experimentar una serie de sentimientos. Recuerdo cuando compramos nuestro hogar, ese día me senté sola en la habitación y él todavía se encontraba en casa, me preguntaba cuáles serían mis sentimientos cuando no estuvieras en nuestro hogar con todos nuestros recuerdos. Ver sus ojos al despertar, ese olor que me lleva hasta el cielo y me hace feliz, dormir abrazados es lo mejor que la vida me puede ofrecer, en sus brazos me siento protegida y en sus labios me puedo derretir y enloquecer. Su mirada me hipnotiza, su olor me seduce, sus caricias me enloquecen. Cada día con tan solo mirarlo siento que me vuelvo a enamorar, es un sentimiento difícil de explicar, el amor no se puede explicar solamente se puede sentir.

Que sentimiento más grande el que uno puede sentir. Todo el mundo se imagina cómo podemos estar tanto tiempo separados, preferimos su presencia intermitente que su eterna ausencia. Además el amor que sentimos uno por el otro, nos llena y nos sostiene por todo ese tiempo de soledad. Es mejor querer a alguien que viva lejos y anhela tu compañía, que querer a alguien que está siempre cerca y no anhela estar contigo y como siempre lo he pensado si no puedes estar sola contigo misma, si siempre necesitas estar acompañada, este tipo de relación no es para ti.

Las personas se casan o conviven juntas para tener apoyo o ayuda en algún aspecto de la vida; pero nosotros al estar solas y compartir un hogar somos responsables de todas las cargas que esto conlleva por un largo periodo de tiempo, prácticamente nos encontramos solas contra el mundo. Es cierto que las mujeres hemos evolucionado y no necesitamos tanto del sexo masculino, pero indiscutiblemente hay tareas que se nos dificulta hacer, por no decir que no la podemos hacer. Recuerdo que cuando compramos nuestro hogar uno de los aspectos más difíciles de vivir sola era cargar el tanque de gas, para los que me conocen saben que peso 115 libras, y todo esfuerzo que hiciera para transportarlo sería en vano. Toda la logística que involucraba desde llevarlo al carro, bajarlo y transportarlo hasta la cocina involucra un gran esfuerzo; por lo cual debía de pedir la ayuda de algún familiar para recibir el apoyo requerido.

Y ni hablar de limpiar el césped, mi terraza es tan pequeña que el problema no podía ser solucionado con un carrito de podar, por lo cual se debe utilizar la máquina de mano la cual es un poco más pesada. Era toda una hazaña descifrar quién lo podría limpiar, muchas veces he sentido que vivo en una réplica del Jurassic Park.

Por estas y muchas más razones siempre he pensado que aunque nos encontremos comprometidas o casadas, a la vez nos encontramos solteras, porque no contamos con ese apoyo que se debe tener al estar en una relación.

Otras parejas deciden mudarse cerca de sus familiares, para poder aliviar la carga sobre todo cuando hay hijos, pero existen casos en donde la mujer se aleja de su familia y se muda cerca del lugar de nacimiento de su esposo o cerca del puerto principal de su embarcación o home port, pudiendo recibir la ayuda de su nueva familia o en los peores de los casos el rechazo, discusiones y desacuerdos, haciendo más difícil la carga, porque además de lidiar con los problemas del hogar en un lugar desconocido debes lidiar con las malas intenciones o discusiones con la familia de la pareja.

También suele darse el caso en donde la pareja decide vivir con sus familiares durante el tiempo de ausencia del hombre, quizás el motivo principal es no sentir tanto la soledad y sentir el calor de un hogar en compañía de personas de confianza, pero a la larga estar conviviendo en dos lugares diferentes crea inestabilidad emocional y por más que uno no quiera siempre extraña su hogar, su cama y su privacidad.

Tengo la impresión que nuestra casa también extraña a su dueño, porque cuando él está nada se daña, ningún artefacto, ninguna puerta, nada, sin embargo cuando yo me quedo sola, siempre algo se descompone, también tengo la leve sospecha que cuando estamos solas es cuando más necesitamos de su compañía y de su apoyo, en mis tiempos de soledad he quedado sin luz, me han chocado, se me han dañado neumáticos, me he quedado sin batería, se ha acabado el gas, una infinidad de cosas, sin embargo en su compañía no ocurren estas vicisitudes, estoy por pensar que es como él me dice: ¡Yo soy tu amuleto!

Es importante resaltar que cuando uno vive sola el apoyo de

la familia en su ausencia juega un papel muy importante, porque siempre puedes recurrir a ella, sin embargo cuando ésta se encuentra lejos, el cual es mi caso, siempre tendrás que arreglar sola o dependiendo de la relación que tengas con los vecinos también podrían ser de gran ayuda.

Capítulo 9

Los Hijos

Pienso que en la vida de toda persona, la familia ocupa un lugar importante, además recuerdo que en la escuela siempre nos decían que la familia es la base de toda sociedad.

Cuando eres pareja de un navegante todas tus probabilidades disminuyen, no es que tengas 365 días al año para intentar tener hijos, no es que tengas 12 oportunidades al año para quedar embarazada, no es que tengas demasiado tiempo para la palabra mágica "intentar"; tus probabilidades siguen disminuyendo cuando tienes problemas para tener hijos, no eres extremadamente fértil que te soplan y quedas embarazada, te faltan órganos en tu cuerpo, una serie de factores que eso que anhela toda mujer puede verse retrasado, pero todos esos obstáculos valen la pena cuando tienes en tus brazos a ese amor eterno, a esa personas que amarás con todo tu corazón y serás capaz de entregar tu vida si fuera necesario.

Cuando descubres que estás embarazada, lo primero que pasa por tu mente es contarle a tu pareja. El escenario ideal sería poder planificar uno de los momentos más importantes en la vida de ambos, darle esa sorpresa personalmente, y sobretodo tener la oportunidad de presenciar su expresión, cara de admiración y comportamiento al recibir la noticia, sin embargo el teléfono puede ser tu mejor aliado, tanto así, que será el medio por el cual muchos navegantes reciben la noticia de que van a ser padres.

Me imagino ese momento en donde reciben tan grata noticia, lágrimas pueden brotar de sus ojos, el sentimiento de alegría es tan inmenso que les durará por el resto del tiempo de embarque y será la ilusión y pensamiento que ocupe todo el espacio de sus días.

Durante todo el proceso del embarazo, tu vida se volcará en las citas y exámenes médicos, preparación para el nacimiento y estar tranquila para cuidar de tu embarazo. Extrañarás aquellos momentos en los cuales no puedes compartir tu felicidad y/o la carga con esa persona que tanto amas, sintiendo tanta frustración e impotencia; pero con la convicción que tendrás una nueva razón que iluminará tu vida.

Nuevamente la comunicación y la tecnología jugarán un

papel importante, será la responsable de mostrar las imágenes de los ultrasonidos donde ellos podrán visualizar el avance de tu embarazo y la silueta de esa criatura que se encuentra por nacer.

Hay que rogarle a Dios para que tengamos un embarazo tranquilo, sin complicaciones para disminuir la preocupación y ansiedad de ambos.

Una de las cosas que más anhelas en esta etapa de la vida es poder tenerlo presente en el nacimiento de su hijo/a, ellos realizarán todos los cálculos pertinentes para hacer lo posible y presenciar esa semilla que es el fruto de su amor y ni hablar de nosotras, para nosotras es fundamental, una pieza clave para que el nacimiento sea un momento mágico.

Otros navegantes tienen la mala fortuna que no podrán presenciar el nacimiento de sus hijos, desafortunadamente conocerán a su descendencia meses después de haber nacido, provocando que cuenten los días para poder conocer a su segundo amor y lo que se convertirá en una de sus razones para vivir.

Ese primer encuentro con sus hijos será mágico y tan conmovedor que no tiene comparación, tocar sus pequeñas manos, sentir su piel tan delicada y ver esos pequeños ojos hará que cualquiera espera haya valido la pena.

Por otro lado, tener esta vida con hijos quizás es la parte más difícil y complicada de la relación a distancia, es como estar casada, pero ser madre soltera, tienes que luchar sola contra todas las inclemencias de la vida, ser la protectora de una criatura, encargada de la casa, tratando de hacer lo mejor sin su hombre. No tendrás con quien compartir las trasnochadas, no tendrás quien te cubra para una noche de amigas, serás la enfermera de cabecera, la chofer oficial y estarás de un lado hacia otro como una bola de ping pong.

Es esencial la presencia del padre a la edad de 4 a 8 años porque estructura el carácter del hijo, se podría crear la inseguridad en el varón. Todo lo que pase con respecto a la familia si alguna de las dos partes no está, afecta a los hijos, deja daño que afectan a la siguiente familia.

Cuando hay hijos se desarrolla una paternalidad, un instinto animal por proteger a la familia y dar la vida si fuese posible. Sienten que deben estar ahí para proteger a su herencia y no quieren irse del país porque quedarán desatendidos, es algo muy difícil porque se perderán sus primeros pasos, sus primeras palabras, sus primeros eventos, graduaciones, cumpleaños, todos los aspectos importantes de la vida de sus hijos. Es claro que las relaciones entre las personas crecen cuando compartes tiempo con ellas y cuando no lo haces ¿Qué sucede? No se graban eventos que refuerzan ese lazo y crezca el amor entre las personas.

Hay momentos en donde necesitan de un carácter fuerte, de alguien con quien tener conversaciones de hombres o mujeres, con quien realizar juegos que son solamente de su género o gustos, en esos momentos entramos a rescatarlos las madres, que tenemos que aprender a hacer el papel de madre y padre a la vez, porque eres la que convives con ellos, la mayor parte del tiempo.

Cuando llegan a casa probablemente no los respetan y no sienten amor por él, porque desafortunadamente no estaban en esos momentos importantes de su vida.

Cuando llega a casa se dan cuenta de todo el tiempo que han perdido simplemente con mirar a su descendencia, lo ven más grande, con más conocimiento, conociendo nuevas palabras, nuevos gestos, nuevos movimientos como gatear, caminar, correr y nuevas ocurrencias. Se podría decir que cuando el navegante desembarca, puede parecer hasta un extraño o un invitado, si el hijo es muy pequeño, los primeros días no reconocerá a esa persona que ha llegado a su hogar, sin embargo si los hijos son más grande fueron tantos días, meses y años de extrañar a ese padre o a esa madre que se ponen más cohibido, costándole acercarse, sus besos, sus abrazos pueden resultar incómodos y les tomará un tiempo acostumbrarse. Siempre es importante que las madres en su ausencia le transmitan que sus padres se están esforzando y sacrificando para brindarles una vida de calidad para de esta manera disminuir la fricción en la convivencia.

La dificultad en la crianza dependerá de las ideologías que tengan ambos. Por su parte, el padre quisiera recuperar el tiempo perdido y ser un padre 100% presente durante su tiempo en el hogar, prefiere pasar el tiempo con sus hijos, realizar aquellas actividades típicas de todo padre, leerle cuentos, acostarlo, rezar, alimentarlo, bañarlo y enseñarle a jugar.

No hay duda que una familia en la que el padre sea navegante no funcionará igual que otra familia en la que no existe una distancia de por medio.

[16] Un estudio realizado por Craig H. Forsyth y Robert Gramling, intentó analizar mediante una encuesta a familia de navegantes, las estrategias utilizadas para mitigar la ausencia del padre. Este estudio estableció la siguiente clasificación.

a. **Autoridad conflictiva**: La esposa ejerce la autoridad cuando el marido está fuera, pero no hay acuerdo sobre quién ejerce la autoridad cuando el marido regresa. Normalmente se producen discusiones, especialmente en lo que afecta a la educación de los hijos.

b. **Autoridad sustitutiva**: La autoridad del marido/padre es ejercida por un pariente masculino próximo (abuelo, cuñado, hermano...) mientras aquél está ausente.

c. **Autoridad contingente:** No hay traspaso de autoridad, sino que ésta se ejerce por la esposa en aquellos asuntos urgentes, reteniendo en todo momento el marido la autoridad. De manera similar a

[16] *Vida de mar y familia: dos realidades en tensión*. Dr. *Ricardo Rodríguez-Martos* diácono, capitán de la marina mercante, delegado diocesano del Apostolado del Mar en Barcelona.

la "autoridad conflictiva" esta estrategia es motivo de disputas cuando la mujer, al hacer frente a problemas que no admiten dilación y al ejercer la autoridad cotidiana, se enfrenta a posibles críticas del marido, quien por otra parte se sentirá frustrado de ver que su autoridad es más teórica que práctica.

d. **Autoridad transferida:** Se produce una clara distinción de roles: la mujer asume la autoridad, especialmente en lo que se refiere a la educación cotidiana de los hijos y el hombre es el que trae el sustento. Cuando el hombre está en casa, respeta el rol de la mujer y no hay disputas sobre autoridad.

De una de las entrevistas realizadas por *Forsyth* y *Gramling*, una esposa declaró: *Tengo problemas cada vez que viene a casa...no parecemos armonizar...desmonta mi organización... los niños no escuchan...él actúa como si hubiera estado en los últimos meses en casa...cuando se va, tardo aproximadamente una semana en volver a organizarlo todo...*

.....y otra esposa comentó: *Cuando viene a casa, surgen problemas con todo el mundo. Pretende autorizar a los niños cosas que se apartan de las reglas que tengo establecidas y discute conmigo sobre ello. Es bueno tenerlo en casa, pero después de un par de días de discusiones, simplemente estorba. Su marcha tiene un doble filo. De una parte lo extraño y de otra, las discusiones se acaban.*

Un capitán de cincuenta y tantos años decía: *Suerte tiene el marino al que los hijos le salen estudiosos, porque de lo contrario está apañado: si al llegar a casa intenta ponerlos en línea, dirán: "este pesado podría volverse al barco" y si no quiere amargarse la estancia y hace la vista gorda, dirán: "esto es jauja" y no se enmendarán.*

Cuando la que navega es la mujer las cosas se pueden volver un poco más complicadas, puede representar un intenso dolor saber que te tienes que alejar del ser que has amado desde el momento que lo viste por primera vez. El embarque deja de ser una prioridad en tu vida e inicias a realizar planes para tener un trabajo cerca de tu hijo.

Sentirán culpa por no vivir con ellos los momentos importantes y por no realizar su papel de madre 100% presente.

Tomará la decisión de llegar a un acuerdo como pareja y pondrán las cartas sobre la mesa para que la madre deje de embarcarse, representando una decisión difícil, ya que es probable que económicamente hablando, la madre será la principal fuente de ingreso del hogar.

Sin embargo para ellas, esto representará el mínimo de sacrificio comparado con las satisfacciones y felicidad que recibirá, la cual no se podrá comprar con todo el oro del mundo.

Capítulo 10

¿Tirar la Toalla o Continuar?

En las cosas del amor y del destino es difícil generalizar o crear una ley, no podemos aseverar que una relación a distancia puede funcionar o no, pero, quizás en alguna ocasión se han realizado esta pregunta ¿Tiro la toalla o continuo? – Gran pregunta, difícil respuesta –.

Siempre en toda relación independientemente cual sea hay malos y buenos momentos, sin embargo el factor de la distancia y la confianza es un ingrediente importante y uno de los mayores factores que puede hacer que dudemos en continuar.

Puede que haya mucho amor, sin embargo el amor no es suficiente para sobrevivir a la distancia, tiene que venir acompañada de madurez, compromiso, comunicación, respeto, confianza, porque cuando la relación se va dañando el amor se va perdiendo.

Quizás nos hemos preguntado cuando las cosas andan mal si vale la pena tanto sacrificio, preguntas como: ¿Estaré perdiendo mí tiempo? ¿Me querrá como yo lo quiero a él? ¿Hemos perdido el amor el uno al otro? ¿Ya no me quiere como antes? son miles de encrucijadas que pasan por nuestra mente. – Si pudiéramos abrirle la cabeza o el corazón para saber sus sentimientos, todo sería más claro –.

Quizás nos hemos preguntado cuando estamos cansadas de esperar, en esas noches de soledad si vale la pena continuar, siempre ronda por nuestra cabeza la intriga si podremos vivir con un amor a distancia por el resto de nuestras vidas, siempre ronda por nuestra cabeza el pensar si algún día nos acostumbraremos y siempre ronda por nuestra cabeza si es la vida que queremos llevar? Se convierte en una lucha mental entre lo que sentimos y lo que pensamos.

Hay muchos factores que pueden propiciar a que nos realicemos esta pregunta: falta de madurez y compromiso del navegante, ambos van en caminos diferente, uno es independiente y el otro dependiente de su familia, el navegante no le brinda el lugar que les corresponde delante de su familia y/o amigos, no demuestra crecimiento o metas en conjunto, se duda si quieren compartir una vida con nosotras, si seremos parte de su futuro o simplemente somos una compañía para no estar solos, inseguridades por parte de ambos, no se confía en el marino, son posesivas/os, dominantes, hirientes con palabras que pueden llegar a insultar, sentimos que sus amigos, sus fiestas son más importantes, las largas horas de soledad, las responsabilidades, la presión de la sociedad, de los hijos, etc., etc.

Como lo mencioné, hay muchos factores que nos empujan a realizarnos está pregunta, pero reflexionando probablemente el factor principal sea la ausencia de la persona y las infidelidades. Elegimos ser novio, comprometernos o casarnos con una persona para estar acompañado, que pueda estar día a día con nosotras, para compartir las cargas, emociones, momentos y para brindar amor. Somos mujeres y hombres de carne y hueso con virtudes y defectos que necesitan sentirse amadas y amar. Nacemos solos, pero por alguna razón Dios creó al hombre y a la mujer para hacerse compañía. Por alguna razón en ocasiones no logramos entender el sacrificio que están haciendo por nosotras, lo vemos como una muestra de rechazo o de desamor.

He escuchado muchas veces que lo conocimos así, embarcándose, con su vida de mar, con su amor al mar, por lo cual al tener una relación con ellos aceptamos esa vida. Lo cierto es que no sé si todas están anuentes a esa aceptación al momento de la relación o todo lo que abarca esa aceptación, pero verdaderamente conocemos la magnitud de esa aceptación hasta que comenzamos a vivirla.

En cuanto a las infidelidades:

¿Por qué se es infiel?

A veces ni ellos, ni nosotras sabemos ¿Por qué se es infiel? Algunas de las razones que puedo enumerar son las siguientes: Es difícil confiar en una persona con la cual convives de vez en cuando, la soledad, depresión, falta de comunicación, el amor se va enfriando, Distancia = Frustración = Peleas = Infidelidades, entre otras.

Creo que todas vivimos con ese temor hasta incluso ellos, que eso en quien piensas se convierta en una persona, y se haga realidad uno de tus peores miedos.

La infidelidad es algo que todas/os esperamos no vivir. He escuchado de muchos casos en donde el hombre al igual que la mujer son infieles, seamos sinceros ¿Cuántas de ustedes conocen parejas en donde los navegantes tienen otras mujeres y quizás otros hijos en otros países, en otros puertos?, probablemente es más común de lo que pensamos.

Es una situación muy difícil, porque como siempre lo he dicho el tiempo es algo que nunca podremos recuperar, enterarte que una persona a la cual le dedicaste tu tiempo, a la cual siempre esperaste, dejaste tus planes a un lado por él, actuaste como padre y madre, mantuviste las finanzas al día, cuidaste el patrimonio de la familia, fuiste paciente, soportaste muchas noches de soledad, discriminación de la sociedad, fuiste fiel, cambiaste el curso y la normalidad de tu vida por él, nada de eso tuvo importancia para ese navegante o no se detuvo a pensarlo antes de hacerlo, es un golpe muy fuerte esa infidelidad para cualquier persona.

En toda relación es muy difícil una infidelidad, pero puede ser mucho más, cuando en la relación se sacrifican tantas cosas.

He conocido el caso de una mujer en donde se enteró que su pareja le fue infiel, se volvió desquiciada, le rompió todas sus cosas, casi le quema la casa y lo dejó en la ruina económicamente, traspasando todo su dinero a la cuenta de ella, me pregunto ¿Qué reacción tendría yo al vivir algo similar?.

Hubo otra pareja en donde nunca se casaron, tuvieron 3 hijos, después de un tiempo, ella se enteró que tenía otra pareja, estaba embarazada y con ella si se había casado, se preguntaba muchas veces, ¿Por qué con ella si se casó, después que le regale tantos años de mi vida?, cosas injustas que pasan en la vida.

Nunca falta una persona que quiera meterse en la relación, en donde ofrece amor que probablemente no sea amor verdadero, solamente anda buscando un status económico o una mejor vida. Como todo en la vida hay muchas mujeres que conocen que el pretendiente tiene una familia, sin embargo para ellas no es impedimento para entablar una relación. Me pregunto por qué lo hacen, si al final ambas somos del mismo género y deberían respetarnos y no perjudicarnos.

Lo cierto es que hay mujeres que manejan muy bien el arte

de seducir y enamorar, cuentan con una gran habilidad para enamorar y persuadir a los hombres que los pueden volver locos, brutos, ciegos, sordos, insensibles, poco importa, yo no sé a ustedes, pero a mí me intriga mucho saber ¿Cómo lo harán?

No podemos olvidar que la infidelidad también es por parte de las mujeres, yo me imagino que el navegante también siempre pensará en eso. Algunos se vuelven maniáticos o son muy inseguros que quisieran encerrar a su pareja en una burbuja para que no tenga contacto con nadie y mucho más cuando tiene una buena mujer y está consciente que cualquiera se puede enamorar de ella. Sienten fobia o paranoia de que alguien las corteje en el trabajo, viajes laborales, en las salidas con las amistades, son momentos en donde mides el nivel de confianza que se tiene en la relación.

Para nosotras también nos resulta un poco difícil escuchar que salieron del puerto, nos trae un poco de preocupación. Lo cierto es que en cualquier tipo de relación no se puede vivir con gusanos en la cabeza, uno de sus principales pilares debe ser la confianza en la otra persona y no vivir con la cabeza llena de monstruos, no es sano para ninguno de los dos.

Definitivamente la distancia no es el problema, el problema se encuentra en cada uno de nosotros, ya que hay parejas que aunque no estén separadas se engañan o aun viéndose seguido llegan a aburrirse. Por esa razón, siempre está en mi pensamiento da lo mejor de ti, para que al final cuando mires hacia atrás siempre sepas que entregaste lo mejor de ti y sigas tus camino sin remordimiento.

Si ellos son infieles, al fin de cuenta, ellos son los que más pierden, porque perderán estar con una gran mujer, además todo puede ser color de rosa al principio, pero no toda mujer soportaría llevar la vida que nosotras vivimos ¿o no es así?

Por otro lado, al pensar en tirar la toalla o continuar en una relación constituida por hijos muchas son detenidas a tomar esta decisión por los hijos o porque ellos son el sustento de la familia, siendo totalmente dependiente económicamente del navegante.

Les/Nos aterra pensar que nos hemos acostumbrado a su ausencia, a no hablar, a no tenernos, porque para algunos es sinónimo de dejar de amar, pero para otros simplemente es aceptar el modo de vida.

Indiscutiblemente es una decisión muy difícil de tomar, porque probablemente los caminos no coincidan, será muy fuerte la disputa entre el amor y la razón, entre el apego y la soledad, entre el tiempo sacrificado y dejar todo atrás y avanzar.

Si ellos tuvieran que escoger entre terminar en el mar o en tierra, sin dudarlo escogerían terminar una relación en su país, porque para ellos es más fácil, porque en caso de que la ruptura sea en su país, pueden ir a donde sus amigos a llorar o a desahogarse, sin embargo en su embarque tienen que continuar trabajando y no tendrían a quien contarle lo sucedido.

Capítulo 11

Del Mar a la Tierra

Para cruzar la línea que divide la vida laboral en el mar y la vida laboral en la tierra solamente hace falta una **decisión,** pudiendo ser provocada por un acontecimiento en la familia en el cual sea necesario la estancia anticipada en casa, ya sea enfermedad, fallecimiento o en el mejor de los casos fue planificada.

El factor que detiene y/o atrae más temor o dificulta la toma de decisión es el factor monetario; ya que es conocido por todos que es prácticamente imposible conseguir un salario similar al obtenido en el embarque.

Probablemente ellos hayan proyectado en su pensamiento la edad, el momento, ese punto clave en el cual dejarán de embarcarse, pero en ocasiones lo planificado no sale como lo deseado, trayendo como resultado que el tiempo de embarque dure más de lo proyectado.

Por su parte, muchas de nosotras hemos estado esperando este anhelado momento, en el cual ellos puedan obtener un empleo cerca del hogar, algunas perdieron las esperanzas, otras por la situación del país, un trabajo en casa no es una alternativa que se encuentre dentro de la lista de opciones.

Dejar de embarcarse es salir de su zona de confort y entrar a lo desconocido. Al tomar esa decisión deben estar 100% convencidos que ya no quieren tener más embarques y que harán todo lo posible por buscar un trabajo en tierra. Sin la total convicción de no volver a embarcarse, cualquier tentación monetaria los regresaría al barco, dicen por ahí que los latinos son muy hogareños, por lo cual se les recomienda colocar un stock de su vida laboral en el mar y pase lo que pase no dar un paso atrás con esa decisión, porque si no caen en un círculo vicioso, donde dicen van a parar, no consiguieron trabajo en casa, regresan al mar y es un círculo de nunca acabar; porque el mar se convierte en su tanque de oxígeno y pueden preguntarles: "A pesar de los años siempre mantienen disponible ese tanque de oxígeno" .

Tomada la decisión deben hacer por su parte todos los cálculos necesarios para realizar una proyección del salario que necesitan para sufragar los gastos, partiendo desde aquí la dificultad de la búsqueda.

A partir de este punto puede empezar la agonía o la felicidad, muchos tendrán que hacer algo que nunca hicieron: tocar puertas, completar formularios de aplicación, ponerse en contactos con amigos para conocer las vacantes, contactar nuevamente a la universidad, asistir a ferias de empleos, entre otros aspectos.

Dejar el mar para algunos puede resultar algo sencillo, que puede ocurrir en cualquier momento sin ningún problema, pueden tener miles de opciones de donde escoger, han sido considerados para entrevistas o un trabajo en tierra, sin embargo, para otros podría resultar ser más difícil, pudiendo llegar a pensar que todas las puertas se le han cerrado, resulta difícil creer que a pesar que cuentan con toda la capacidad, todos los años de experiencia, no son seleccionados ni siquiera para una entrevista, haciéndose la pregunta si algún día dejarán el mar o simplemente están destinados a ser eternos navegantes.

Tomada la decisión, muchos realizan búsquedas intermitentes durante sus vacaciones para aplicar a un trabajo, sin embargo, las probabilidades disminuyen cuando son llamados a entrevistas, pero no se encuentran en casa para asistir. Imagínate haber estado 5 meses en casa y no haber recibido ningún llamado para entrevista, sin embargo, a pocos días/meses de haberse ido a trabajar, recibe la llamada del lugar que siempre ha soñado trabajar, se encontrará entre la espada y la pared, una difícil decisión, bajarse del barco, sin saber si será seleccionado y con la agonía de no saber si podrá volver a su trabajo estable o arriesgarse e ir a la entrevista, con la incertidumbre de no saber si será seleccionado. Simplemente será una cuestión de decisión, que puede resultar bien, como puede resultar mal; pero con la convicción de que la decisión que haya tomado fue la mejor y sobre todo, asumir el riesgo.

Tomen en consideración también que dependiendo del país, las opciones de trabajo en tierra para el ámbito marítimo pueden ser limitadas, no hay un portal de opciones de donde escoger, adicional yo no conozco una página donde se pueda encontrar un sinnúmero de ofertas laborales en el ámbito marítimo, por lo general debes de dirigirte a las páginas de las compañías que conoces o mantener un círculo de amigos que ya se encuentran trabajando en casa y puedan "pasar la voz" de futuras aperturas de plazas en sus trabajos.

Cuando todos los planetas se alinean, pueden recibir la noticia que tanto han anhelado: Un trabajo en casa. Por su cabeza empiezan a asomar todos los temores tratando de empañar la felicidad de la noticia, pero nadie sabe lo que le depara el destino hasta que inicia a vivirlo, embarga la preocupación si con el salario obtenido se podrán enfrentar los gastos con los que ya se cuentan, si se podrá llevar el mismo estilo de vida acostumbrado, si se podrá mantener el estatus social, complacer aquellos caprichos o lograr tantos sueños inconclusos. Adicional como pareja ya no podrán gastar como antes, se deben hacer mejores presupuestos y pensar mucho más en ¿Qué gastar? y empezar a priorizar.

La noticia también trae nuevas pruebas en el matrimonio o en la relación, imagínate, si tan solo estando unos días, semanas y/o meses se tienen problemas en la convivencia, puedes imaginar lo que va a ocurrir al convivir los 365 días del año, probablemente una guerra mundial, pero en tu casa.

Tanto para ellos como para nosotras, representará un fuerte choque, ya que no estamos acostumbrados a convivir los 365 días del año y ellos no están acostumbrados a la vida normal de tierra.

Ojala el trabajo que han obtenido en tierra, sea tan gratificante como el que realizaban en el barco, porque si no es así aparecerán otras preocupaciones y tu marino estará infeliz con un trabajo que no le gusta; pero lo realiza para estar más tiempo con su familia, complacer a los demás o que lo ayudará a cumplir con sus responsabilidades.

Para ellos el periodo de adaptación puede durar meses y es un evento extremadamente traumático a nivel psicológico y existencial. Su vida, ellos la llevan en base a 4 paredes, la cual son su cabina, el comedor, cubierta y puente para la tripulación de cubierta y para la tripulación de máquina, cabina y sala de máquina.

En el barco no hay código de vestimenta a menos que trabajen en crucero, pero en el crucero usan uniforme y se puede decir que se ponen un poco más vago, usan uniforme, se lo lavan, se lo planchan y se lo doblan. Por otro lado, en los otros barcos si no quieren bañarse por varios días, peinarse, cortarse la barba, el cabello, si quieren ir a trabajar en chancletas, pijama, pantalones cortos, camisetas ¡No importa!, todo eso es permitido, pensar en ropa, Ja, que chiste, en el barco no deben de pensar en ropa. Pero ¡Alto!, ni se les ocurra hacer eso en un trabajo de campo o de oficina, deben de seguir un código de vestimenta, asearse y lucir presentables.

Anteriormente para ir a trabajar solamente bastaba con despertar 2 minutos antes de iniciar la jornada y subir algunas escaleras y listo, pero ¡Ya no!, su rutina cambia radicalmente a despertar muchas horas antes, así como a conducir por horas para poder llegar a su destino; de igual manera, querrán regresar rápidamente a casa para descansar y dormir, pero no podrá ser posible porque deben soportar todas las horas de regreso a casa y mucho más, cuando hay tranques, accidentes o cierre de calles.

No están para nada acostumbrados a los descuentos en su salario, es más, probablemente no tengan la menor idea de ¿Cuánto es?, enorme ¡Sorpresa! al recibir su primer pago, se sentirán estafados y súper enojados porque resulta que no volverán a recibir un cheque con su salario completo, porque tienen que pagar todos los impuestos al estado y no solo eso, van a pagar prestaciones como seguro social que quizás nunca vayan a utilizar. Y ustedes saben que eso al año representa **mucho dinero.**

Probablemente el dinero ni les alcance para sobrevivir, siendo necesario recibir dinero de su madre para la gasolina !Tremendo choque! Antes ahorraban grandes cantidades de dinero, miles de dólares, pero ahora, quizás solamente pueden ahorrar unos dólares y deberán reducir todos los servicios al mínimo.

Antes no era necesario tener un auto, ya que de alguna u otra manera podían manejar el traslado, probablemente vivían alquilados y si son novios cada quien en su casa; pero teniendo un trabajo en tierra prácticamente se hace necesario la compra de un auto para mejorar la movilización y en algún momento pensar en la posibilidad de adquirir una casa, no teniendo otra opción que realizar la compra durante su vida laboral en tierra y sobretodo con el salario en tierra.

El tiempo de adaptación puede variar dependiendo de: la falta de convivencia cotidiana, el haber vivido durante largos períodos de tiempo situaciones distintas, los años de profesión, la duración de los embarques, la duración de las vacaciones, la comunicación mantenida y, por supuesto, el carácter de las personas y el entorno familiar.

Cuando trabajan en casa, sus obligaciones no terminan cuando salen de trabajar, continúan también en el hogar, están más en contacto de los problemas de la familia, donde anteriormente otra persona tenía que buscar la manera de resolverlo, pero ahora, eso pasó a la historia, ahora ellos también deben apoyar en la solución o simplemente solucionarlo. Si estando tú sola en casa, algo se daña debes buscar la manera de organizar todo para poder repararlo, desde hacer las llamadas respectivas, compra de los materiales y si vives sola organizar el momento que puedan ir a repararlo, todo esto sin la ayuda de nadie y en donde tú pareja solamente supo que había que reparar algo en casa, sin embargo, ahora que él estará deberá verse involucrado en la reparación y le tocará asumir toda o parte de la responsabilidad de la tarea.

En un trabajo en casa todos somos medio esclavos, trabajas en una oficina, durante un periodo de tiempo en un día, la otra parte del tiempo es para "supuestamente" descansar, siendo imposible decir que vas a descansar porque ese lugar donde tú vas a estar, requiere de necesidades, de atenciones, reparaciones, cariño, etc. En el barco no tenían que preocuparse por realizar tareas domésticas, eso era preocupación de otra persona, sin embargo ahora, deben olvidar que eran atendidos y esas actividades que nunca realizaron durante el tiempo de embarque como fregar, cocinar, se convierten en tareas habituales en las cuales deben apoyar en el hogar.

En tierra tienen horarios fijos o rotativos de trabajos, trabajando jornadas específicas, sin embargo, en el tiempo de desconexión el descanso no es continuo, por lo que no se siente igual. De qué sirve que tengan 4 domingos libres al mes, si en todos esos "días de descanso", tuvieron que hacer trabajo en casa, mandados, tareas con los hijos, entre otros, fuera diferente si en vez de 4 domingos al mes, tuviera 4 días seguido de descanso, probablemente utilizarían dos para tareas y los otros dos para descansar.

Y ni hablar cuando tienes hijos, eso es otra cosa. Ellos llegan cansados, agotados del trabajo, sin ánimos de hacer **nada**, sin embargo, tú hijo está esperando en casa, deseoso de verlo, para contarle todo lo que ha ocurrido en su día, los niños con los que jugó, el último poema aprendido, la canción que cantaron, la nota que ganó o simplemente para jugar, sin embargo él llega con la moral en el piso, tuvo un pésimo día en el trabajo y se convierte en un reto aprender a lidiar con la presión del trabajo en casa, más la vida en familia.

Puede existir una epidemia común, en donde los marino, subestiman a la gente que trabaja en tierra y ¿Por qué?, ellos piensan tienen un horario fijo de aproximadamente 8 horas diarias, probablemente de lunes a viernes o por lo menos con 1 día libre en la semana, días libres por feriado, probablemente se olviden del trabajo hasta el siguiente día laboral; no debe de ser nada complicado, ya que en el barco debe estar disponible todos los días a todas la horas (24/7). Pero cuál es la realidad, eso solamente refleja tu vida laboral, más no las asignaciones que debes de cumplir en casa, que en el caso de estar embarcado para ellos, esas responsabilidades son nulas.

Independientemente de lo difícil que es la carrera a ellos les gusta el mar, he llegado a pensar que vivirían en el agua sino fuera porque están lejos de sus seres queridos, pero te puedes imaginar qué difícil puede ser conseguir un trabajo en tierra que los apasione y los llene igual que lo hacen los barcos, por otro lado, si tienen un jefe en el embarque que no les agrada, siguen trabajando porque saben que algún día uno de los dos se va a desembarcar y no se van a volver a ver, pero en casa, si no tienen buenas relaciones con su jefe deben de aguantarlo, hasta que consigan un nuevo empleo, lo cambien de posición u ocurra un milagro, porque simplemente es difícil conseguir un empleo con un buen salario.

Tengo que agregar que en algunos casos al aceptar la oferta laboral en casa, el sueldo puede ser muy inferior al que están acostumbrados, trayendo como consecuencia grandes problemas económicos en la pareja. Se sienten en un abismo económico que no saben ¿Cómo saldrán?

En la mayoría de los casos no es proporcional el sueldo versus las horas de trabajo y las cosas que se pierden en ese proceso, tiempo con la familia, realización de actividades físicas, horas de sueño, etc. Por esa razón, muchos marinos toman la decisión de regresar al mar, prefieren sacrificar tiempo con la familia sabiendo que recibirán un buen salario. He conocido de casos que han tenido trabajos intermitentes entre embarcarse y trabajar en casa, siempre han dejado la puerta abierta en caso de solucionar algún problema económico.

Adaptarse puede tomar hasta años, sobre todo cuando prácticamente han hecho toda su vida laboral en el mar, probablemente nunca se adapten, pero definitivamente es todo un reto.

¡Y sí amigas(os) extrañan la vida del mar, sobretodo la paz!

El mar los deja marcado, en su mente siempre vivirán con el recuerdo de sus viajes, vivirán marcados con sus horas de sueño; algunos ya no podrán dormir más de 6 horas y tendrán que vivir con alguna condición física o enfermedad, una voz más aguda por aquellas noches de sereno y un hábito de ejercicio regular.

Si tienen compañeros que aún se embarcan, las redes sociales serán su recordatorio constante de aquella vida, gracias a los gastos y compromisos los viajes no son tan frecuentes o probablemente serán nulos, provocando que extrañen conocer otros lugares, anhelan ese auge económico que tenían cuando navegaban, pero definitivamente si se encuentran en casa, cerca de sus seres queridos es porque quieren estar en ese lugar, sino estarían en la mar.

Capítulo 12

¿Por qué no cambiar tu relación?

Todo lo leído ha sido dolor, sacrificio, depresión, decepciones, angustias y esperas, probablemente no le estén viendo muchos aspectos positivos a esta relación o a esta aventura. Quizás para muchas habré aumentado su ansiedad, pánico, temor, incertidumbre y estén confundidas si apostar o seguir apostando a esta hazaña. Quizás no estén encontrando las razones para pensar ¿Por qué, Sí?, ¿Porque debo aventurarme a vivir un amor a distancia?

Bueno, estoy buscando en mi interior para darle las razones y el ánimo necesario para continuar apostando a:

¿Por qué no cambiar tu relación con un marino?

Vivirás en constantes lunas de miel. El amor entre ustedes se convertirá en una sinfonía de sorpresas, detalles, aventuras y planes.

La distancia, la falta de ese cuerpo, caricias, abrazos, aumentará las ilusiones de ese re-encuentro; por alguna razón esa distancia que hay entre ambos aumenta el amor que se tienen el uno del otro.

Tú serás su hogar, todo para él, la razón por la cual realizan los sacrificios y sobretodo la razón principal por la cual siempre regresan a casa.

Su amor y compromiso es tan grande que sacrifican eventos, fechas importantes, graduaciones, bodas, cumpleaños, aniversarios, navidades, momentos que nunca volverán para un futuro mejor. Estar todos los días de su vida con nosotras, lamentablemente es algo que no nos pueden prometer, pero eso no quiere decir que no nos aman, que no quieren estar con nosotras, que se acostumbran a estar sin nosotras, que no le hacemos falta, que se están portando mal, pues, No.! De ninguna manera. Todo se resume a la sencilla pero profunda palabra. ...Sacrificio…

Cuando nacemos no podemos escoger quienes serán nuestros padres, nuestros hermanos, nuestro hogar, pero algo que sí podemos escoger es la pareja que nos acompañará en nuestra vida. Entre todas las personas del mundo te escogió a ti para compartir su vida, por todas las cualidades que posees y por ser una guerrera que aguantara la batalla que tendrás que vivir.

Es una relación que tiene el don de "Amar profundamente", no te imaginas la vida sin él, ni siquiera lo quieres pensar, sientes un amor tan pero tan profundo que no puedes medirlo, tendrás a todos los príncipes en un cuerpo, será un hombre imperfecto con sus defectos, pero para ti será el hombre perfecto, el de tus sueño, el que siempre has esperado y anhelado, el que sin dudarlo le darás lo mejor de ti, el que te hace sentir miles de emociones, ilusiones y alegrías y te enseñará el significado del desprendimiento y el sacrificio.

Cuando el amor existe la distancia solo aleja cuerpos, pero los corazones jamás, que si es fácil pues no, son muchas piedras las que hay que aprender a brincar, pero no solamente en el amor debemos aprender a brincar piedras, también en la vida cotidiana. Así que, aprendamos a brincar las piedras del amor, que las de la vida cotidiana serán más fáciles.

Lo que más nos cuesta es lo que mayor recompensa nos traerá, así que podrás imaginar cuánta recompensa recibiremos después de tan grande sacrificio.

Pueden existir mil y una razones más que irán descubriendo a lo largo del camino; pero definitivamente

¡Si vale la pena!

www.ingramcontent.com/pod-product-compliance
Ingram Content Group UK Ltd.
Pitfield, Milton Keynes, MK11 3LW, UK
UKHW041640190726
13854UKWH00006B/2605

9 789962 130703